आज़ाद के कारनामे

दूसरा हिस्सा

आज़ाद के कारनामे

दूसरा हिस्सा

रतन नाथ सरशार

सम्पादन एवं संकलन

शुऐब शाहिद

BOOKS

राजकमल प्रकाशन

BOOKS राजकमल प्रकाशन

रेख़्ता बुक्स
बी-37, सेक्टर - 1, नोएडा
उत्तर प्रदेश - 201301

contact@rekhta.org | www.rekhtabooks.com
www.rajkamalprakashan.com

प्रथम संस्करण : नवम्बर 2022

ISBN : 978-93-91080-89-1
मूल्य : ₹ 149

आज़ाद के कारनामे-दूसरा हिस्सा

रतन नाथ सरशार

टाइटल कैलिग्राफ़ी : धर्मेन्द्र सुशांत
मुद्रक : ज़ाविया प्रिंट, दिल्ली

क़िस्से कहने वालों के नाम

रतन नाथ सरशार

उर्दू के मुमताज़ अदीबों में एक अहम नाम पण्डित रतन नाथ सरशार की पैदाइश 05 जून, 1846 को लखनऊ में हुई। बचपन में ही वालिद के इन्तक़ाल और ग़ुरबत की वज्ह से कॉलेज की पढ़ाई पूरी नहीं कर सके और एक स्कूल में पढ़ाने लगे। लिखने-पढ़ने का बे-इन्तेहा शौक़ रहते थे और जल्द ही नस्र लिखने लगे। उनके शुरूआती मज़ामीन 'अवध पंच' और 'मुरासल-ए-कश्मीर' में शाए हुए। कुछ वक़्त बाद मुंशी नवल किशोर के 'अवध अख़बार' के सम्पादक हो गए।

रतन नाथ सरशार की लिखी हुई 'फ़साना-ए-आज़ाद' की किस्तें 'अवध अख़बार' में शाए हुईं और देश भर के पढ़ने वाले उनके मुश्ताक़ हो गए। उनके मुरीदों की फ़ेहरिस्त में हिन्दी और उर्दू के मशहूर मुसन्निफ़ प्रेमचंद भी शामिल थे जिन्होंने इस किताब का हिन्दी अनुवाद 'आजाद कथा' नाम से शाए किया। बाद में, इसको बुनियाद बनाकर शरद जोशी ने 80 के दशक में दूरदर्शन पर प्रसारित सीरियल 'वाह जनाब' की भी तख़्लीक़ की।

समाज के तब्सिरे का जो अन्दाज़ सरशार साहब ने इख़्तियार किया उसमें उपहास का अन्दाज़ नहीं है बल्कि हास्य की चाशनी है। नतीजा ये है कि जो कुछ भी सामने आता है वो हास्य के रूप में आता है। उन्होंने कई किताबें लिखीं जिनमें 'शम्स-उल-ज़ुहा', 'जाम-ए-सरशार', 'आमाल-नामा-

ए-रूस', 'सैर-ए-कुहसार', 'कामिनी', 'अलिफ़-लैला', 'ख़ुदाई फ़ौजदार' अहम हैं। 27 जनवरी 1903 को हैदराबाद में उन्होंने आख़िरी साँस ली।

दिल से जो बात निकलती है...

अगले वक़्तों में ऐसे लोग गुज़रे हैं जो न सिर्फ़ ज़बान शनास थे बल्कि क़िस्से कहने का हुनर भी ख़ूब जानते थे। ये क़िस्से पीढ़ी दर पीढ़ी सुनाये गए। और सीना-बा-सीना सदियों से चले आते थे। इन क़िस्सों को ज़बान-ओ-अदब की कबा पहनाने का हुनर इन अदीबों को आता था। रतन नाथ सरशार की फ़साना-ए-आज़ाद ऐसी ही एक तस्नीफ़ है। जिसके पढ़ने वाले ऐसी लुत्फ़ आमेज़ बहर में ग़ोताज़नी करते हैं कि जिसकी वुसअत समंदरों की सी है।

इरफ़ान जाफ़री साहब का शेर है,

एक पुरानी सी हवेली है अगर खोलो तो
ये भी मुमकिन है कि हाथों में ख़ज़ाने लग जाएँ

छः जिल्दों और तकरीबन 1200 सफ़हात पर मुश्तमिल ये अज़ीम शाहकार अपनी ज़बान की लताफ़त से न केवल दिल को गुदगुदाता है, बल्कि उस दौर के समाज की तस्वीर भी है। मियाँ आज़ाद और हज़रत ख़ोजी के क़िस्सों में वो रवानी है कि पढ़ने वाला इस बहर-ए-बेपायाँ के बहाव में बहता चला जाता है। मियाँ आज़ाद आपको लखनऊ के क़िस्से सुनाते हैं। सैर कराते हैं। रेलवे स्टेशनों और बाज़ारों में पटरियों पर ठहर जाने पर मजबूर करते हैं। ख़ुद ख़ूब खाते हैं और खाते जाते हैं। बिना इस बात की परवाह किये कि इन फलों और पकवानों के नाम सुन कर आपके मुँह में भी पानी आ जाए। वो अपने हुक़्क़ों की

गुड़गुड़ाहट और दरबारों की बुड़बुड़ाहट से ख़ूब वाक़िफ़ हैं कि वो किसी भी मक़ाम और मौक़े पर चूकने वालों में से नहीं।

रतन नाथ सरशार की नज़र से लखनऊ को देखना एक ऐसा तज्रबा है कि जिसका बदल नहीं। इस किताब में फ़साना-ए-आज़ाद के कुछ मज़ामीन और उसके कुछ हिस्सों को इस तरह मुन्तख़ब करने की कोशिश की गयी है कि ये किताब बहुत ही आसान और आम फ़हम ज़बान में पढ़ने वालों तक पहुँच सके। और अगर इसके ज़रिए आप फ़साना-ए-आज़ाद की ज़बान की फ़साहत और लताफ़त से अपना ताल्लुक़ क़ायम कर सके तो ये इस कोशिश का हासिल होगा।

- सम्पादक

फ़ेहरिस्त

1.	इलाही तौबा	13
2.	क्या कमाल है	18
3.	अकड़-फ़ूँ	21
4.	खाव पीर	37
5.	मियाँ फ़ज़ीहत	45
6.	शरीर लड़का	51
7.	हलवाई की दुकान दादा जी की फ़ातिहा	56
8.	ईद–उल–अज़्हा की तय्यारियाँ	60
9.	ईद का दिन और चहल–पहल	83
10.	तुर्की सिपाही	94
11.	एक चोर ने शाह जी से नुस्ख़ा लिया	97
12.	नक छिकनी ने नाक में दम कर दिया	101
13.	कहानी, बा-ज़बानी बी मुग़लानी	104

इलाही तौबा

मियाँ आज़ाद सब की हाँक सुनकर बोले — पीर–ओ–मुर्शिद ये सब चोट्टे उठाई-गीर हैं, जाँ-बाज़ों में बन्दा दरगाह ही हैं। अच्छा एक काम न कीजिए। स्टेशन पर कोई काम बता दीजिए। देखिए कौन लियाक़त से अंजाम देता है।

मुसाहिब — तो आप रेल के ख़लासियों में काम कर चुके हैं। आप से इस में कौन भिड़े।

आज़ाद — अच्छा हुज़ूर अरूज़[1] में कुछ सवाल–ओ–जवाब हों। देखिए इन सब का क़ाफ़िया तंग कर देता हूँ या नहीं।

इतने में एक मुसाहिब ने झल्ला कर कहा - अबे वाही हुआ है। टें–टें लगाई है। कहीं मैं एक गुद्दा न दूँ। हुज़ूर को भोला–भाला सादा मिज़ाज देख कर बहुत चल निकला है। चल अलग हट।

मियाँ आज़ाद — मैं डर न जाऊँगा, आँखें दिखाइए न मुझे।

मियाँ आज़ाद — "ये गीदड़ भभकियाँ! मियाँ आज़ाद ऐ

क्यों न हो। शान–ए–ख़ुदा। आप और हमें गुद्दा दें। सुन ओ गाउदी[2] हम गुद्दा खाने वाले नहीं। क्या कहूँ एक रईस के मुसाहिबों में न होता तो इसी दम मैं गर्दन नापता। मगर कल तुमको ठीक बनाऊँगा।" इसमें एक और रफ़ीक़ ने डपट कर कहा, "आप हैं किस भकुए रईस के मुसाहिब!" मियाँ आज़ाद ने कहा, "देखिए ख़ुदा-वन्द नेमत ऐसे मुसाहिब हैं हुज़ूर के। एक तो हुज़ूर के सामने गुद्दा देने पर आमादा हैं। दूसरे पंजे झाड़ कर पीछे पड़ गए। तीसरे ने आपके दुश्मनों को भकुआ बनाया। चौथे साहब ने फ़रमाया कि हमारे आक़ा भोले–सादे आदमी हैं। अब कौन नहीं जानता कि भोला और सादा इस ज़माने में गाउदी, अहमक़, घामड़ से मुराद है। लाहौल वला क़ुव्वत।" रईस को ये कलमे ऐसे बुरे मालूम हुए कि फ़ौरन मुसाहिबों को ललकारा। जिसने भकुआ कहा था वो तो खड़े–खड़े मौक़ूफ़ हुआ। "क्यों बे नमक हराम ये क्या बातचीत थी। जिस का नमक खाए उसी को भकुआ बताए। अभी मौक़ूफ़। इनको निकाल दो।" मियाँ आज़ाद ने (बहुत ख़ूब पीर–ओ–मुर्शिद) कह कर उनको तो स्टेशन के बाहर निकाला। अब उनकी शामत आई जो सादा मिज़ाज बताते थे। "क्यों बे मर्दक[3] हम अहमक़ हैं, भोले हैं, गधे हैं। अभी दूर हो सामने से। अगर ड्योढ़ी पर आया तो।" रईस ने तो कहा था कि मियाँ आज़ाद ने फ़िक़रा पूरा कर दिया (तो वो बे भाव की पड़ेंगी बच्चा कि सर पर एक बाल न रहेगा) रईस ने पूछा कोई है? हाज़िर पीर–ओ–मुर्शिद कह कर आज़ाद ने उनकी भी गर्दन नापी और स्टेशन से बदर किया। ख़बरदार जो ड्योढ़ी पर आया तो तू जानेगा। अब उन हज़रत की बारी आई जो

गुद्दा देते थे। "हाँ जी क्या तुमने कहा था ज़रा फिर तो कहना। गुद्दा दोगे। मेरी तरफ़ देखो। गुद्दा दोगे। अल्लाह–अल्लाह अब आप इतने हो गए कि जिस को हम नौकर रखें उसको आप गुद्दा दें। हट सामने से।"

मियाँ आज़ाद ने देखा कि सब के सब का मौक़ूफ़ होना अच्छा नहीं तो किस मज़े से कहते हैं। "ऐ ख़ुदावन्द। उनसे मुझसे मज़ाक़ हो रहा है जाने दीजिए। देखो इन को रईसों की अभी सोहबत नहीं रही। कोई अपने आक़ा के सामने ऐसा कलमा मुँह से निकालता है। ले अब ख़ता माफ़ और कदूरत साफ़ कराओ। हाथ जोड़ो, क़दमों पर टोपी रखो।" बेचारे ने नाचार हाथ जोड़े और काँपते हुए कहा ख़ुदा-वन्द क़ुसूर हुआ माफ़ कीजिए।

अब सुनिए कि मियाँ आज़ाद ने कहा चलिए हुज़ूर होटल घर दिखा दूँ। रईस मा–मशाल और रुफ़क़ा के चले तो आज़ाद ने कहा हुज़ूर अगर मेरा कहना मानें तो इस गुट के गुट को साथ न ले चलें। इन लोगों को हुक्म दीजिए कि बाहर जहाँ कक्कड़ वाला बैठा है वहाँ ठहरें और दस्ती गुल कर दी जाए। हुज़ूर तशरीफ़ ले चलें कमतरीन हमराह हो और एक ख़ादिम। बस उधर रईस मए मियाँ आज़ाद, मुसाहिब–ए–ख़ास और ख़ादिम के होटल की तरफ़ चले। उधर मुसाहिबीन में हण्डियाँ पकने लगीं। वाह भई वल्लाह हम समझे थे कि हम ही ज़माने भर के फ़िक़रा बाज़ हैं मगर ये हमारे भी चचा निकले। आदमी क्या बला है। ये वो काली नागिन है जिसके काटे का मन्त्र नहीं। अजी सूँघ जाए तो इंसान टें करके रह जाए। अरे यार हम जानते तो इस बद-बख़्त पर आवाज़े ही क्यों कसते। क्या कहें

जो होना था हो गया। देखो वल्लाह चुटकियों में रंग जमाया। आते ही दो को खड़े–खड़े निकलवा दिया और तीसरे की ख़ता माफ़ कराई ऐसा दख़्ल पा लिया।

और सुनिए किस फ़िक़रे से हम सब को उस वक़्त टहलाया। और कक्कड़ वाले से मुसाहिबत गरमाने का हुक्म दिलवाया। हात तेरी दुम में मोटा सा रस्सा बाँधू। मुसाहिब–ए–ख़ास बने हैं। बच्चा यारो बेढब हुई। अब इस मरदूद का निकलना मुश्किल है। इस पर फ़िक़रा चलना सख़्त दुश्वार है। ये तो परले दर्जे का मक्कार है। वल्लाह हँसी आती है। जी आपको हँसी आती होगी। हमारी रूह तो रो रही है। भला हँसी का ये कौन मौक़ा है। जिस तरह दूध से मक्खी निकाली जाती है, उसी तरह हम–आप बरसों के रफ़ीक़ निकाल दिए गए। कट जाने का मुक़ाम है। लीजिए इस मलऊन ने, ख़ुदा उसे ग़ारत करे, आते ही दोस्ती गुल, दो मुसाहिब ग़ायब, ख़ुद मुसाहिब–ए–ख़ास बन बैठे। अब कोई ऐसी फ़िक्र करना चाहिए कि अब ये जमने न पाएँ। हम बताएँ, मशहूर कर दो कि ये बूचड़ हैं, नीच क़ौम। हमारे हुज़ूर को इसका बड़ा ख़याल है। भई जो अभी मौक़ूफ़ न कर दें तो हाथ कटाता हूँ, नाक–नाक बदलता हूँ। वल्लाह ! बूचड़ की ख़ूब सूझी मगर कहे कौन? किसी ऐरे–ग़ैरे पच कुलियाँ को लगा दो। उधर रईस ख़ुर्शीद को आज़ाद ने होटल दिखाया, लेमोनेड का एक गिलास पिलाया और ख़रामाँ स्टेशन के बाहर सैर कराने लाए। मुसाहिबों ने देखा कि मुसाहिब–ए–ख़ास से मीठी–मीठी बातें करते हुए आते हैं। एक शख़्स को पहले ही से सिखा–पढ़ा रखा था। उसने आगे बढ़ कर आवाज़ा कसा कि वाह रे ज़माने

के उलटफेर। शरीफ़ बिचारे तो निकालें जाएँ और क़ौम के बूचड़ रईसों की मुसाहिबत पाएँ। इतना सुनना था कि रईस के कान खड़े हुए। इनको नीच क़ौम, ख़ुसूसन बूचड़ों से बहुत नफ़रत थी। फ़ौरन मियाँ आज़ाद से बेसाख़्ता पूछ बैठे कि क्या आप बूचड़ हैं? इतने में एक मुसाहिब चिल्ला उठे कि हुज़ूर नहीं तो और हैं कौन? दूसरे ने मौक़ा पाकर कहा अभी कल तक तो कलेजी बेचते थे आज हुज़ूर के मुसाहिब–ए–ख़ास हुए। क्या मज़े से गरमा रहे हैं। गोश्त बेचते–बेचते उम्र गुज़र गई। अब बातें बनाते हो। और रईस ज़ादों को बहकाते हो। अब मियाँ आज़ाद हैरान हैं कि ये अच्छी बटी। ख़ूब पछाड़ा, क्या दिल–गुर्दा है कि कल्ला–ब–कल्ला बूचड़ बना रहे हैं।

अल-ग़रज़ मियाँ आज़ाद का रंग फीका पड़ गया। मुसाहिबीन का दाँव चल गया। मियाँ आज़ाद बेचारे बूचड़ बना के निकाले गए। और मुसाहिबीन ने कहना शुरू किया कि हुज़ूर तो उस बूचड़ वाले के दम में अच्छे आ गए। हम बरसों के जान-निसार, पुश्त–हा–पुश्त के नमक ख़्वार, कक्कड़ वाले के सुपुर्द किए गए और वो हुज़ूर के साथ–साथ स्टेशन की सैर कर रहा था। साहब लोगों ने देखा होगा तो क्या कहा होगा कि ये अमीर आदमी और बूचड़ के साथ हवा खा रहे हैं। इलाही तौबा। इलाही तौबा।

* * *

---

1. छन्द शास्त्र 2. सीधा सादा 3. तुच्छ व्यक्ति

क्या कमाल है

मियाँ आज़ाद एक रोज़ नूर के तड़के सैर करते चले जाते थे। हर सिम्त बाग़–ओ–बहार, नहरों के पानी का झलना, चिड़ियों का चहकना, कलियों का प्यारी अदा से चटकना, चकोर के क़हक़हे, बुलबुल के चहचहे, अब्र की अठखेलियाँ, बिजली की बे-ताबियाँ, सब्ज़े की लहक, कलग़ी की दमक से आसमान पर दिमाग़ था। सीना मुसर्रत से बाग़–बाग़ था। एक दफ़ा ही चारों तरफ़ से अब्र घिर आया। मस्त हाथी की तरह झूम–झूम कर घटा आई और सैर–ए–बाग़ की कैफ़ियत दह-चन्द बढ़ाई। पहले तो टप–टप नन्ही–नन्ही बूँदें और फिर देखते–देखते रिमझिम मूसलाधार दोंगड़ा बरस पड़ा। इतने में हवा ने वो ज़ोर बाँधा कि टहनियाँ फट पड़ीं। उधर बिजली चमकने लगी, इधर रआद[1] गरजने लगा। पत्ते जल-तरंग बजाते थे, सारंग गाते थे। काली–काली घटाएँ, लाल–लाल अंगारा सी बिजली का लौंकना ऐसा मालूम था जैसे किसी हब्शी के जिस्म से ख़ून के शराटे बह रहे हैं। या किसी गँवार ने माँग में

सिन्दूर भरा है। या सोना कसौटी पर कसा है। मियाँ आज़ाद एक दुकान में दुबके–दुबकाए बैठे थे। जब पानी किसी क़दर खुल गया और सब्ज़े का ग़ुबार धुल गया तो मियाँ आज़ाद ख़रामाँ चलने लगे। इतने में क्या देखते हैं कि एक यूरोपियन मुअज़्ज़ज़[2] सौदागर अपनी बीवी को साथ बिठाए, दुकरी दौड़ाए ज़न से निकल गया। फिर दो तेज़ घोड़े, एक पर फ्रांसीसी सय्याह और दूसरे पर एक ख़ातून, कड़कड़ाते और चमकाते चले जाते हैं। एक जेंटलमैन सौदागर मेम साहिबा को साथ लिए, हाथ में हाथ दिए, ये मीठी–मीठी बातें करते, वो नाज़–ओ–अदा से क़दम धरते मियाँ आज़ाद के क़रीब से निकले। सामने से तीन–चार लेडियाँ हमजोलियों से चहल करती इठला–इठला कर आ रही हैं। उधर एक आली-शान कोठी में तीन जेंटलमैन प्यारे–प्यारे ऊँचे सुरों में कुछ अलापते हैं और आगे बढ़े तो देखा कि एक दिल-कशा अहाते में चार–पाँच लड़के और लड़कियाँ सब्ज़ा–ज़ार पुर–बहार पर उचक-फाँद में मसरूफ़ हैं। मियाँ आज़ाद अपने दिल में सोचे कि ज़िन्दगी के मज़े यही लूटते हैं। कहीं बाजा बज रहा है कहीं गाना होता है। कोई बग्घी पर हवा खाता है कोई पैदल जाता है। उस सुहाने वक़्त और ठण्डी–ठण्डी हवा के झोंकों और फूलों की भीनी–भीनी महक की यही दाद देते हैं। मियाँ–बीवी ख़ुश–ओ–ख़ुर्रम, न किसी की बात का फ़िक्र न कोई ग़म।

सच्ची ख़ुशी इसे कहते हैं। अब शहर की तरफ़ पलटे तो बदबू दिमाग़ में आने लगी। कोई पड़ा सो रहा है, कोई अपनी क़िस्मत को रो रहा है। एक शख़्स ने ज़रा सी बात पर अपनी बीवी की कमर पर एक लात कस के लगाई और फिर एक

छुरी जमाई और ले गई। हलवाई और हलवाइन, नान-बाई और उसकी बीवी में जूती पीज़ार, ननद–भावज में गलख़प और तकरार, देवरानी–जेठानी में मार–धाड़, पटुए और पट्टों में गालियों की बौछाड़ हो रही है। जिस गली–कूचे में निकल जाते हैं शोर मचा है। और चौ-तरफ़ा से यही आवाज़ आती है कि तड़का हुआ और लड़ने लगे। सुब्ह–सुब्ह आदमी राम का नाम लेता है और ख़ुदा की याद करता है। पीर–पैग़म्बर को मनाता है। ये नहीं कि तड़के–तड़के जूता चलने लगा। ख़ैर ये तो नीच क़ौमों की बातचीत थी। अब शुरफ़ा का हाल सुनिए। कोई तो दरवाज़े पर बैठा हुक़्क़ा पी रहा है, कोई लम्बी ताने पड़े ख़र्राटे ले रहा है। कोई बीवी को डपट रहा है। कोई लहसुन, प्याज़, गोश्त की फ़िक्र में है। और कहीं मियाँ–बीवी में चख़[3] चल रही है।

मियाँ आज़ाद ने अपने दिल में अफ़सोस किया कि वाह रे हम और हमारे शुग़ल[4]। कहाँ वो सजे–सजाए बंगले, वो मीठी–मीठी बातें, वो औन्दी घटाएँ, आबी लिबास की झलक, वो मिल–जुल कर गाना, वो मज़े से बाजा बजाना, वो ठण्डी–ठण्डी हवा के झोंके, वो चमन और रविशों में इठलाना। कहाँ गलियाँ, ये ग़लीज़ कूचे, ये हवा, ये कीचड़, ये जूती पीज़ार, ये मियाँ–बीवी में तकरार। जिसे देखिए घर से बाहर निकलना ही नहीं जानता। कोई मुर्दों से शर्त करके सोया है, कोई अंगड़ाइयाँ ले रहा है। कोई करवट पर करवट बदलता है।

* * *

1. बिजली 2. प्रतिष्ठित 3. कहा-सुनी 4. पेशा, काम-काज

अकड़-फ़ूँ

मियाँ आज़ाद ज़मीन के गज़ बने इधर–उधर घूम रहे थे कि इतने में एक बुड्ढे–खूसट ने एक बाँके से कहा कि मियाँ बेधे आए हो या जान वबाल है या ज़िन्दगी दूभर है या छींकते घर से चले थे। ये अकड़ना क्या माने। यहाँ गर्दन झुका कर चला कीजिए वरना कोई पहलवान गर्दन नापेगा तो ये मशीख़ियत[1] सारी ख़ाक में मिल जाएगी। तनना और ऐंठना भूल जाएगा और मुफ़्त में किरकिरी होगी। इस से क्या वास्ता। ये शहर, कुश्ती, पट्टे, बाँक, लकड़ी की टकसाल है। बहुत से लड़नतिये आए मगर पटख़नी खा गए। हाथ मिलाते ही यहाँ के पहलवान पकड़ लाए और मारा चारों शाने चित। तंगड़ी पर उड़ाने में ताक़, सवारी कसने में मश्शाक़[2], कूल्हे पर लादने में पड़ाक़। ये सुनते ही वो मियाँ बाँके आग–भभूके हो गए। जी तो कहीं इस भरोसे भी न रहिएगा बन्दा पटख़नी खाने वाला आदमी नहीं है। बीच खेत पछाड़ूँ तो सही। क़ुर्बान अपने उस्ताद के जिन्होंने हमें लकड़ी सिखाई। टालों की लकड़ी

फेंकना तो सब ही जानते हैं मगर मैदान में ठहरना अलबत्ता बड़ा काम है और ज़बानी दाख़िला तो और ही बात है। हमारे उस्ताद तीस–तीस लोगों से गुहार[3] लड़ते थे और कौन लोग। ऐसे–ऐसे गँवार–घामड़ नहीं, पढ़े हुए पट्ठे जिनपर उनको नाज़ था। फिर ये ख़याल कीजिए कि तीस गतके बराबर पड़ते थे मगर तीसों की ख़ाली जाती थी। कभी आड़े हो गए, कभी गतके से चोट काट दी, कभी बदन को समेट लिया, कभी पैंतरा बदल दिया। शागिर्दों को ललकारते जाते थे कि लगा बढ़ के हाथ, आ घुस के और वो झल्ला–झल्ला के चोटें लगाते थे। मगर मुँह की खाते थे और अपना सा मुँह लेकर रह जाते थे। जब सबका दम टूट गया और लगे हाँपने तो गतके हाथ से छूट–छूट पड़े मगर वाह रे उस्ताद, उनके वही ख़म–ओ–दम, वही चितवन, वही ताव–भाव। पहरों लकड़ी फेंकें मगर दम न फूले और जो कहीं भिड़ पड़े तो बात की बात है, परे साफ़ थे। किसी पर पालट का हाथ जमाया, किसी को चाकी का हाथ लगाया। फिर बस यही मालूम होता था कि फुलझड़ी छूट रही है या आतिश-बाज़ी की छछुन्दर नाच रही है (उस्ताद की अच्छी तारीफ़ की) या चर्ख़ी चक्कर में है। जनेऊ का हाथ तो आज तक सारे हिन्दुस्तान में कोई रोक ही न सका। वो तुला हुआ पड़ता था कि इधर इशारा किया उधर तड़ से पड़ गया। जनेऊ का हाथ क्या क़ज़ा है। गतका हाथ में आया और मालूम हुआ कि बिजली लौंकने लगी। मुम्किन नहीं कि इंसान की आँख न झपकने पाए और आदमी त्योरा[4] न जाए। ललकार दिया कि रोक चाकी। फिर लाख जतन कीजिए भला रोक तो लीजिए। निशाना तो कभी ख़ाली ही जाने नहीं पाया।

ताका और भरपूर हाथ लगाया। फिरी उम्र भर न छूटी। एक अंग ही लड़ा किए उनके ठाट ही निराले हैं। छरेरा बदन, सादा मिज़ाज। आदमी सूरत देखे तो यकीन न आए कि ये उस्ताद हैं। मगर एक ज़रा सी बाँस की खपाच दीजिए फिर दिल्लगी देखिए कि कैसे जौहर दिखाते हैं। मियाँ हम ऐसे उस्तादों की आँखें देखे हुए हैं। पट्टे, बाने, बनौट, कुश्ती, लकड़ी किसी में बन्द नहीं। जी चाहे किसी से भिड़वा कर देख लीजिए। इतने में एक गँवार का लड़का चला जाता था। उन्होंने पुकारा कि अरे ज़रा इधर आना। इधर–उधर की बात सुने जाओ। लड़का क़रीब आया तो पूछा कि इनसे दो चोटें होती हैं। उसने नज़र भर कर देखा और कहा हाँ हम किसी से दब के निकलने वाले नहीं। जिसका जी चाहे अरमान निकाल ले।

बाँका — अबे जा ऐसे देहाती छोकरे हमने बहुत चराए हैं।

गँवार — जी तो कहीं सुअरियाँ चराई होंगी। देहाती छोकरों से शैतान ने पनाह माँगी। आप हैं किस शुमार–ओ–क़तार में। हमने भी शहर ही में तालीम पाई है। इन गीदड़ भबकियों में और आते होंगे।

गँवार तो ये फ़िक़रे सुना कर चल दिया। मियाँ आज़ाद और बाँका फिर शहर में चक्कर लगाने लगे। चौक में पहुँचे तो जिस पर नज़र पड़ती है, बाँका, तिरछा, तीखा, चुन्नतदार अंगरखे पहने, नक्केदार कटी हुई टोपियाँ सर पर जमाए, चुस्त घुटने डाँटे, आँडू पड़े हुए, ढाँटे बाँधे हुए तने चले जाते हैं। तपंचे की जोड़ी कमर से लगी हुई, दो–दो विलायतियाँ पड़ी हुईं, बाढ़ें चढ़ी हुईं। क़राबींचा[5], पेश क़ब्ज़, कटार, सरौही,

शेर बच्चा, सबसे लैस, ख़ासे औपची बने हुए। एक बाँके को देख कर एक दुकानदार शामत–ए–आमाल से कहीं हँस पड़ा। उन्होंने आव देखा न ताव दन से तपंचा दाग़ दिया। मगर इत्तेफ़ाक़ से ख़ाली गया। लोगों ने पूछा क्यों आक़ा क्यों बिगड़ गए। तीखे होकर फ़रमाया कि हमको देख कर बच्चा जी मुस्कुराए थे। हमने गोली लगाई की दाँत पर पड़े और इस जवाब से उनके भी दाँत खट्टे हो जाएँ। मगर ज़िन्दगी थी कि गोली से बच निकला। मियाँ आज़ाद अपने दिल में सोचे कि ये बाँके तो बिल्कुल ना ख़ुदा तरस हैं, इनको ज़ेर न किया तो कुछ बात नहीं। एक तम्बोली से पूछा कि क्यों भई इस शहर में बाँके बहुत हैं। उसने कहा मियाँ बाँका होना दिल्लगी नहीं। हाँ यूँ कहिए कि बे-फ़िक्रे बहुत हैं। सबके गुरु–घण्टाल वो ज़ात–ए–शरीफ़ हैं जिनको लोग यकरंग कहते हैं। वो सन्दली रंगा हुआ जोड़ा पहन के निकलते हैं मगर मजाल क्या कि शहर भर में कोई सन्दली जोड़ा पहन तो ले। यकरंग सन्दली जोड़ा कोई पहन नहीं सकता। कोई पहने तो गोली भी सर कर दें इसके साथ ये भी है।

मियाँ आज़ाद ने सोचा कि इस यकरंग का टेटुवा न लिया तो खाना हराम। दूसरे दिन हज़रत भी सन्दली बूट, सन्दली घुटना, सन्दली अंगरखा, सन्दली टोपी देकर निकले। मियाँ भी सन्दली। अब जिस गली, कूचे, बाज़ार से गुज़र होता है, लोग तअज्जुब करते हैं कि ये आज इस ढब से कौन निकले हैं भई। चौतरफ़ा उंगलियाँ उठने लगीं। शुदा–शुदा हज़रत यकरंग के चेले–चापड़ ने उनके कान में भी भनक डाल दी। सुनते ही मुँह लाल चुक़न्दर हो गया। कपड़े पहन, हथियार लगा, चल खड़े

हुए। मियाँ आज़ाद तम्बोली की दुकान पर जाकर टिक गए। उनकी वज़ा देखते ही उसके होश उड़ गए। लगा हाथ जोड़ने और मिन्नत करने कि ख़ुदा के लिए मेरी टोपी दे लीजिए या जूता बदल डालिए वरना वो आता ही होगा। मुफ़्त की ठाएँ–ठाएँ से क्या वास्ता। उनको तो कच्चे घड़े की चढ़ी थी ये मानते कब थे। गिलौरी ली और अकड़ कर खड़े हो गए। इर्द–गिर्द तमाशाइयों का हुजूम है और शहर भर में धूम है कि आज यकरंग से तलवार चलेगी। इतने में हज़रत यकरंग भी नमूदार हुए। तम्बोली ने मियाँ आज़ाद से कहा कि सँभलिए —

वो आते हैं तपंचे को चढ़ाए हुए कल पर

उनके आते ही भीड़ छँट गई। हर कोई इधर कतरा गया, कोई उधर दुबक रहा। कोई गली में घुसा, कोई कमरे पर चढ़ गया। यकरंग ने जो उनको देखा कि सर से पैर तक सन्दली पोशाक पहने है तो जल ही मरा। क़हर-आलूद नज़र डाल कर कहा - अबे ओ हौला–ख़ब्ता[6]! उतार टोपी बदल जूता। ग़ुस्ताख़! हमारे होते साथे तू सन्दली जोड़ा पहन कर निकले तेरे और ये ख़म–ओ–दम। उतार। उतार। नहीं तो मैं बढ़ कर काम तमाम कर दूँगा। मियाँ आज़ाद पैंतरा बदल कर तीर की तरह झपट पड़े और निहायत फुर्ती से यकरंग की तोन्द पर तपंचा रख दिया। गधे जुम्बिश की और धुआँ उस पार, हिला और दाएँ की आवाज़ आई, बोला और लाश फड़कने लगी। मर्दक बड़ा बाँका बना है। सदहा शुरफ़ा को बेइज़्ज़त किया। तुम जैसे बदमाश और बाँकपन का दम भरो। इतने चाबुक मारूँगा कि याद करोगे बच्चा। अभी उतार। टोपी उतार। उतार नहीं तो धुआँ उस पार।

इत्तेफ़ाक़ से कहीं एक दर्ज़ी का उधर से गुज़र हुआ। मियाँ ख़लीफ़ा की लुपड़ी उतार यकरंग की चपतगाह पर रखी और यकरंग की सन्दली टोपी अपनी जेब में रख ली। हात तेरी ऐसी तैसी। बड़े बाँके बने थे। शहर भर में कोई यकरंग जोड़ा न पहने। नादिरी हुक्म लगा दिया। कमज़ोर ग़रीबों–शरीफ़ों को बहुत सताते थे। हम से एक न चली। हौसला हो तो आओ दो–दो हाथ भी हो जाएँ। ख़बरदार जो आज से सन्दली जोड़ा पहना तो तुम जानोगे।

शहर भर में ये धूम हो गई कि मियाँ आज़ाद ने यकरंग के छक्के छुड़ा दिए। घिघ्घी बँध गई, चुपचाप दर्ज़ी से टोपी बदली। सच है दबे पर बिल्ली चूहे से कान कटाती है। अब तो मियाँ आज़ाद पर बाँकों की भी नज़र पड़ने लगी। जिस टुकड़ी में जाते थे लोग ताज़ीम से पेश आते थे। एक दिन उन्होंने मुनादी कर दी। आज मियाँ आज़ाद छह बजे सुब्ह से आठ बजे तक अपने फ़न के कर्तब दिखाएँगे। जिन असहाब को शौक़ हो आएँ और लुत्फ़ उठाएँ। मुक़र्रह दिन को एक वसीअ मैदान में ग़ुट के ग़ुट जमा हुए और मियाँ आज़ाद ने तरह–तरह के जौहर दिखाए। लेमूँ से निशान बनाया और तलवार से उड़ाया तो निशान के पास खट से दो टुकड़े। क़सीरो उछाला और पाँच–छह मर्तबा में छील डाला। तलवार की बाढ़ से दस–बारह की आँखों में सुरमा लगाया। चराग़ जलाया और खाँडा फेंकते–फेंकते गुल काट डाला, लौ अलग बत्ती अलग। एक प्याले में दस कौड़ियाँ रखीं और दो पर निशान बना दिया। दोनों को तलवार से प्याले ही में काटा और बाक़ी कौड़ियाँ निलोह[7] बच निकलीं। लकड़ी टेकी और छत पर हो

रहे। गतके का ज़रा इशारा किया और बीस हाथ उड़ गए। चालीस–चालीस आदमियों ने घेरा और ये साफ़ निकल भागे। पलंग के नीचे एक जंगली कबूतर छोड़ दिया गया, उन्होंने उसको निकलने न दिया। वो लाख कोशिश करता रहा मगर फड़फड़ा–फड़फड़ा कर रह जाता था। इतने में एक फेकैत बोले अजी ये शोबदे बाज़ी है। मैदान–ए–कारज़ार[8] में सामना हो तो जानें।

आज़ाद — हाँ ये दावा अच्छा समझा जाएगा। तुम्हारे यकरंग रंगे सियार का रंग फीका हो गया अब तुम मुँह आते हो। किसी दिन गर्दन नापूँगा।

फेकैत — चोंच सँभालो नहीं हम तुम्हारी ख़बर ले लेंगे।

आज़ाद — यही दिली ख़्वाहिश है कि तुम जितने गोखे बाँके हो सबको नीचा दिखाऊँ और तुम्हारा बल निकालूँ। देखो सुब्ह–ओ–शाम तुम्हारी भी क़लई खुली जाती है। तुम लोग बाँके नहीं ख़ूँख़ार दरिन्दे हो। जिस तरफ़ से निकल जाओ उधर आदमी काँप उठें कि भेड़िया आया या कोई हँसा और तुमने बन्दूक़ छतियाई। किसी ने बात की और तुमने चोट लगाई। भई वाह अच्छा बाँकपन है तो वज्ह क्या जहाँ दस डण्ड पेले और उबल पड़े। दस–बारह दिन लकड़ी फेंकी और मुहल्ले वालों पर शेर हो गए वरना बा–कमाल को हमेशा मिस्कीन ही देखा।

जबसे रज़ीलों में फेंकैती–बंकैती, बाना–पट्टा शुरू हो गया तब से शुरफ़ा उसको मायूब[9] समझने लगे और यूँ ऊँची बन कर और ख़ूब तन कर निकालना तो सब ही जानते हैं मगर फ़न का जानना तो और ही शय है।

इतने में आज़ाद के क़रीब से एक पहलवान ऐण्डते हुए निकले। चट लंगोट बाँधे, मलमल की चादर ओढ़े, दो–तीन पट्ठे साथ। एक कसीरो वाले की चपतगाह पर पहलवान ने ख़ुदा वास्ते को धप लगा दी। वो पीछे फिर कर देखता है तो ढोह का ढोह आदमी। बोले तो ख़ूब पथा जाए। कान दबा कर धप खा कर दिल ही दिल में कोसता हुआ चला गया। एक थोड़ी ही देर में मियाँ पहलवान ने एक ख़्वाँचा वाले का ख़्वाँचा उलट दिया। तीन–चार रुपए की मिठाई ख़ाक में मिल गई। जब उसने ख़ूब ही ग़ुल–ग़पाड़ा मचाया तो शागिर्दों ने सर सहलाया। दो–तीन गुद्दे, घूँसे, मुक्के लगा दिए, दो–चार लप्पड़ जमा दिए। वो बेचारा रोता दुहाई देता चला गया! दुहाई है मेरा ख़्वाँचा लुट गया।

मियाँ आज़ाद अपने दिल में सोचे कि ये तो कोई बड़ा शोरा-पुश्त[10] मालूम होता है। किसी पर लप्पड़ किसी पर थप्पड़। वाह क्या पहलवानी है। इसकी ख़बर न ली तो कुछ न किया। उसने तो शहर भर में तहलका मचा दिया है ये सोचते ही मेरा शेर झपट पड़ा और पहलवान के पास जाकर घुटने से ऐसा धक्का दिया कि मियाँ पहलवान ने बीस लुढ़कियाँ खाईं और सँभलते ही उनकी तरफ़ डपट पड़े। ये भी शेर-ए-नर की तरह ही डकारते हुए चले। तमाशाई तो समझे कि पहलवान क़वी-हैकल[11], कस–बल का आदमी है चुरमुर कर डालेगा। लेकिन आज़ाद ने पहले ही से वो दाव–पेच किए कि पहलवान के छक्के छूट गए। ऐसा दबाया कि छठी का दूध हज़रत को याद आया। पहलवान ने जैसे ही मियाँ आज़ाद का बायाँ हाथ घसीटा, उन्होंने दाहिने हाथ से उसका हाथ बाँधा

और अपना छुड़ा लिया और चुटकियों में कूल्हे पर लाद घुटना टेक कर मारा चारों शाने चित। या अली। पहलवान अब तक कोरा था। किसी दंगल में आसमान देखने की नौबत नहीं आई थी। मियाँ आज़ाद ने जो सर–ए–बाज़ार एक पटख़नी बताई और उसने हज़ारों आदमियों में पछाड़ खाई तो बड़ी किरकिरी हुई और तमाम उम्र के लिए दाग़ लगा। मियाँ आज़ाद ने ख़ुश–ख़ुश और उस पहलवान ने रोते–धोते वहाँ से अपनी–अपनी राह ली। अब तो मियाँ आज़ाद जगत उस्ताद हो गए। यकरंग का रंग फीका पड़ गया पहलवान ने पटख़नी खाई और वो–वो जौहर दिखाए कि लोग दम भरने लगे। बंकैती–फेंकैती, कुश्ती–शोरा–पुश्ती की शहर भर में धूम थी। जिधर जाते थे लोग ताज़ीम बजा लाते थे। जिससे चार आँखें हुईं उसने फ़र्राशी सलाम किया। अच्छे–अच्छे बाँकों की कोर दबने लगी। जहाँ किसी ज़बरदस्त ने आजिज़ को दबाया और उसने ग़ुल मचाया दुहाई मियाँ आज़ाद की। दुहाई उस्ताद की। और ये बाण्डी लेकर आन मौजूद हुए। कमज़ोर को किसी मर्दुम-आज़ार[12] ने ज़रा ईज़ा पहुँचाई और उसने डाँट बताई। हाय नहीं मानते। बुलाऊँ मियाँ आज़ाद को। शोहदे–लुक़्क़े, टोरे–लुच्चे मियाँ आज़ाद से ऐसे थर्राते थे जैसे चूहे बिल्ली से। या मरीज़ तिल्ली से। नाम सुना और बग़लें झाँकने लगे। सूरत देखी और गली–कूचों में दुबक रहे। अल-ग़रज़ शहर भर में उनका डंका बज गया। चौतरफ़ा सिक्का बिठा दिया। एक रोज़ मियाँ आज़ाद सरौही लिए ऐण्डते जा रहे थे और लोग उँगलियाँ उठा रहे थे कि एक दर्ज़ी की दुकान के क़रीब से उनका गुज़र हुआ। देखते क्या हैं कि तेरह सदी के एक रंगीले

छैल बाँके–तिरछे जवान छोटे पंजे का चढ़वाँ मख़मली जूता पहने, ज़ुल्फ़ें लटकाए, छुरी कमर से लगाए, दर्ज़ी से तकरार कर रहे हैं।

बाँके — वाह मियाँ ख़लीफ़ा तुमने तो हमें उल्टे उस्तरे से मूँडा। वल्लाह अजीब क़ता के आदमी हो भई। मैं तो ज़मीन का गज़ बन गया। जब कहीं यकसूई हाथ आई और जो शय सिलवानी हुई तुमसे सिलवाई। मगर तुम ख़ुदा जाने किस कतर–ब्योंत में रहते हो। सीना–पिरोना तो अलग रहा, हाँ ज़बान अलबत्ता कतरनी की तरह चला करती है। तुम से कपड़ा सिलवाना अपने को बदनाम करना है। तुम्हारे रिश्तेदार सब उस्ताद हैं मगर तुम निरे घामड़ निकले। हाँ दुम धागा देगा ख़ूब जानते हो। टोपी ऐसी भौण्डी बनाई कि यार लोगों ने फबती पर फबती सुनाई। वल्लाह हमारे एक शफ़ीक़ का दर्ज़ी क्या टोपी सीता है कि सर पर क़ालिब का धोका हो जाता है।

ख़लीफ़ा — ऐ तो हुज़ूर मैं इसको क्या करूँ। मेरा भला इसमें क्या क़ुसूर आपका सर ही कावाक[13] है। मैं टोपी बनाता हूँ सर बनाना नहीं जानता।

बाँके — ओ गेदी चोंच सँभाल। बहुत बढ़–बढ़ कर बातें न बना नहीं तो मारते–मारते उत्तू कर दूँगा। जामे से बाहर हुआ जाता है। बाँकों के मुँह आता है और सुनिए हमारा सर कावाक है बे। तेरा सर साँचे का ढला है चौ-मग़्ज़ा[15] ना-माक़ूल। अबे तेरे ऐसे–ऐसे दर्ज़ी मेरी जेब में पड़े रहते हैं। जी चाहता है लकड़ी खोंस दूँ मलऊन के हलक़ में। मुँह बन्द कर नहीं दूँगा उल्टा हाथ तो मुँह टेढ़ा हो जाएगा। और तमाशा देखिए

हमारा सर गोया कद्दू हो गया हम चौ-मग़ज़े हैं। कान कुतर लूँगा बच्चा।

दर्ज़ी — हुज़ूर मालिक हैं मुल मेरी खता नहीं। जैसा सर वैसी टोपी। ऐसा सर तो मैंने देखा ही नहीं। ये नई गड़हन्त का सर है साहब। पेच पी हज़ार नेमत खाई। आप फेर लें बस मैं सी चुका भरपाया। जब दाम देने का वक़्त आया तो ये फ़िक़रा सुनाया। ये सुनते ही बाँके ने दर्ज़ी को चपरग़ट्टू किया और इस दर्जा पीटा कि वो बेचारा बेदम हो गया। आख़िर-कार कफ़न फाड़ कर चीख़ा की दुहाई मियाँ आज़ाद की। दुहाई मेरे उस्ताद की। मियाँ आज़ाद तो दूर से खड़े सैर देख ही रहे थे, झट तलवार सौत ऐन मौक़ा–ए–वारदात पर पहुँच गए। सँभल ओ आका की दुम बाँकपन का दावा और तुम। पीछे फिर के देखा तो मियाँ आज़ाद जगत उस्ताद।

आज़ाद — इस डण्ड–बल के क़ुर्बान। वाह भई पहलवान तुम तो रुस्तम हो। ख़लीफ़ा बेचारे पर सारी चोटें साफ़ कर दीं। कभी किसी कड़े ख़ाँ से भी पाला पड़ा है। कहीं गुहार भी लड़ा है या ग़रीबों ही पर शेर हो। बड़े दिलेर हो तो आओ हम से भी दो–दो हाथ हो जाएँ। तुम ढेर हो जाओ या हम चरका खाएँ। आइए फिर पैंतरा बदलिए। ऐ हय तो अब तअम्मुल[16] किया है। ले तलवार और लगा बढ़ कर हाथ इधर या उधर।

बाँके — हाय–हाय! उस्ताद हमीं पर हाथ साफ़ करने का दाइया है। हमारी तलवार तुम पर और तुम्हारी सरौही हम पर चले। क्या मजाल। हम अभी नौसीखिये तुम गुरू-घंटाल। और उस कमीने दर्ज़ी की तरफ़ से आप बोलते हैं और शरीफ़ों पर

तलवार तोलते हैं। सुभानल्लाह। आइए आपसे कुछ कहना है। आगे अपना–अपना लहना है। मुसीबत तकलीफ़ सब कुछ सहना है। अगर तुम मदद करो तो बेड़ा पार है वरना हम हैं और मँझधार है।

आज़ाद — अच्छा तौबा करो कि अब किसी ग़रीब को न धमकाएँगे।

बाँके — जी हज़रत धमकाना कैसा हम ख़ुद बला में फँस गए। ख़ुदा ही बचाए तो बचें साफ़–साफ़। यूँ है कि यहाँ हमारा एक पटैत है कमीदान[18]। बला का फेकैत। सितम का बंकैत। क़यामत का हाथ है। उस से हम से लाग–डाँट हो गई। कल नौचन्दी जुमेरात को हमें दरगाह में घेरेगा। कोई दो सौ बाँकों की जमात से हम पर हर्बा[19] करने का क़सद है—

उस तरफ़ सारी ख़ुदाई है इधर कुछ भी नहीं

हम सोचते हैं कि दरगाह न जाएँ तो बाँकपन में हरफ़ आता है। जाएँ तो किस बर्ते[20] पर। यार तुम साथ चलो तो मज़े हैं। वरना बे-मौत मरे।

आज़ाद — बस इतने ही के वास्ते लो तुम्हारा साथ देते हैं। बेड़ा उठा लिया कि तुमको कल ले चलेंगे और सब से भिड़ पड़ेंगे। वो सौ हों ख़्वाह हज़ार। हम हैं और हमारी तलवार। ख़ंजर है और कटार। इतनी कटारें भोकूँ कि दम बन्द हो जाए। मगर ये बता दो कि तुम्हारा क़ुसूर तो नहीं है।

बाँके — नहीं उस्ताद शहीद–ए–कर्बला की क़सम। जो मेरी जानिब से हो तो नाक काट लीजिए और जो चाहिए

सज़ा दीजिए। मुझसे उन्होंने एक दिन अकड़ कर कहा कि तू तलवार न बाँधा कर। मैं भी आप जानिए इंसान हूँ फ़रिश्ता नहीं मुझे भी ग़ुस्सा आ गया। मैंने कहा दत! तू और हम से हथियार रखवा ले ऐ तेरी क़ुदरत। इतने में लगा बे–नुक़्त सुनाने और पन्द्रह–बीस आदमी उसकी तरफ़ से बोलने लगे। मसलेहत समझकर मैंने भी दो–चार बातें कहीं दबा नहीं। मगर लड़ पड़ना अक़्ल के ख़िलाफ़ समझा। बाँका हूँ तो क्या हुआ लेकिन बे-समझे–बूझे बात नहीं करता। ख़ैर उसने चिल्ला कर कहा कि अच्छा बच्चा दरगाह में समझ लेंगे। अबकी नौचन्दी में या हमीं न होंगे या तुम ही न होगे।

आज़ाद — अच्छा तुम लैस रहना मैं दो घड़ी दिन रहे आऊँगा। घबराओ नहीं तुम्हारा बाल बाँका हो तो मूँछ मुण्डवा डालूँ। ये दो सौ आदमी देखने ही भर के होंगे। जाँ-बाज़ उनमें दो ही चार होंगे जो आज़ाद की तलवार की चमक और ख़ंजर की झलक का सामना करें। वरना एक सौ छियानवे नोक दम भागें तो सही। मौत का मुक़ाबला करना दिल्लगी नहीं है। ले बस अब रुख़्सत कल मिलेंगे।

मियाँ आज़ाद दूसरे दिन हथियार बाँध कर औपची बने हुए चले रास्ते में वही बाँके मिले। अलैक–सलैक के बाद दोनों साथ–साथ झुटपुते वक़्त टहलते हुए दरगाह पहुँचे।

नौचन्दी जुमेरात जिसके आगे बनारस का बूढ़ा मंगल मात। चौतरफ़ा चहल–पहल, तमाशाइयों का हुजूम, हटो-बचो की धूम। ठट के ठट लगे हैं आदमी पर आदमी टूटे पड़ते हैं। कोसों का ताँता लगा हुआ है। मेवा-फ़रोश सदा लगा रहे हैं। तम्बोली

बीड़े बना रहे हैं। गण्डेरियाँ हैं केवड़े की, कुल्चे हैं कबाब के। मियाँ आज़ाद सैर करते, घूरते–घारते फाटक पर दाख़िल हुए। देखा कि सामने तीस–चालीस आदमियों का ग़ोल है। बाँके ने कान में कहा यही हज़रात हैं। देख लीजिए दंगे पर आमादा हैं या नहीं और लुत्फ़ ये कि कोई निहत्था नहीं।

आज़ाद — भला यहाँ तुम्हारी भी कोई जान–पहचान है। हो तो दस–पाँच को तुम भी बुला लो। भीड़–भड़ाका तो हो जाए। लड़ने वाले हम क्या कम हैं। मगर ज़रा दो–चार जमाली ख़रबुज़े भी चाहियें, डाली की रौनक़ हो जाए। बाक़ी हाथी के खाने के दाँत और दिखाने के और होते हैं।

बाँके — अभी लाया दस–बीस अच्छे जीवट आदमी कट-मरने वाले। आप ठहरें मैं दम के दम में आया मगर बाहर टहलिए तो अच्छा है यहाँ जोखिम है।

मियाँ आज़ाद फाटक के बाहर टहलने लगे और इनके यारचे चले जीवट आदमियों की तलाश में। कमीदान ने जो देखा कि दोनों खिसके तो बाहम हण्डियाँ पकने लगीं। वो भगाया वो हटाया। भागा है नोक दम हात तेरी दुम में नम्दा। एक शख़्स ने कहा हुज़ूर वो भागा नहीं है। वल्लाह एक ही काइयाँ है। किसी फ़िक्र में गया है ज़रा किसी आदमी को दौड़ा दीजिए तो ख़बर लाए। एक बिगड़े दिल बाहर गए तो देखा बाँके पच्छिम की तरफ़ शुतुर–बे–मुहार की तरह गर्दन उठाए चले जाते हैं और मियाँ आज़ाद फाटक से दस क़दम पर चहल-क़दमी कर रहे हैं। उल्टे पाँव आकर ख़बर दी कि वल्लाह बस यही मौक़ा है चलिए–चलिए मार लिया है

अनाड़ी को। बाएँ हाथ चला जाता है और अकेला है। तलवार आज़ाद के पास है। वो सब दूसरे फाटक से भड़भड़ा कर चढ़ दौड़े। ठहर बे ठहर। इधर–उधर बस रुक जा। आगे क़दम बढ़ाया और तलवार का ज़ख़्म खाया। जुम्बिश की और दिया तुला हुआ हाथ। बच्चा आज नौचन्दी जुमेरात है। पन्द्रह–बीस आदमियों ने चौ-तरफ़ा से घेर लिया और लगा गालियों का छर्रा चलने। कमीदान की आँखें लाल अंगारा। ख़ून टपक रहा था। बदन मारे ग़ुस्से के थरथरा रहा था। बाँके को अकेला पाकर रुफ़क़ा भी शेर हैं। कोई अकड़ता है कोई बररता है। इतने में दस–पाँच ने मशीख़ियत में आकर तलवार खींच ही तो ली। हाय–हाय! हाय–हाय! और लोगों ने देखा कि हम ही फिसड्डी रहे जाते हैं। सड़ से सरौही मियान के बाहर थी। बाँके का रंग फ़क़ कि ग़ज़ब ही हो गया। अब कुत्ते की मौत मरे। किस–किस से लड़ूँगा। एक की दवा दो न कि सौ। ख़ैर बेचारे मियाँ आज़ाद को कोई ख़बर कर देता तो वो झपट ही पड़ते। मगर अब मौक़ा कहाँ। जब तक कोई जाए–जाए हमारा काम तमाम हो जाएगा। एक यार ने बढ़ कर बाँके बेचारे मुसीबत के मारे पर एक लठ लगा दिया तो बाएँ हाथ की हड्डी टूट गई। इसमें ग़ुल–ग़पाड़े की आवाज़ मियाँ आज़ाद ने भी सुनी। इन्हें क्या मालूम कि इनके यार पर कैसा वक़्त गुज़र रहा है। टहलते हुए चले और भीड़ काट कर दर्राते हुए पहुँचे। ओहो हो–हो। ये बाँके यहाँ फँसे हुए हैं। लाहौल वला क़ुव्वत हम टहलते ही रह गए और हरीफ़ झाँसा दे ही गया। तलवार को ज़रा टेका और ज़न से उस पार आन पहुँचे। भई खिलाड़ी ख़बरदार अनाड़ी। हाथ उठाया और मैंने चपरगट्टू किया और टेटुवा

लिया। बाँके के दिल में ढारस हुई कि शुक्र है ख़ुदा-वन्दा। जान बचाई। नए सिरे ज़िन्दगी पाई। इतने में मियाँ आज़ाद ने कहा रोको और तलवार का चमकना था कि सब साथी रफ़ीक़ नाम के बाँके हुर्र हो गए। मैदान ख़ाली। फ़क़त मियाँ आज़ाद और बाँके एक तरफ़, कमीदान और दो शरीफ़ ज़ादे दूसरी तरफ़। बाक़ी रफ़ूचक्कर। एक ने आज़ाद पर तपंचा चलाया दायें। मगर ख़ाली गया फिर कल पर चढ़ाया और दाग़ा मगर रंजक चाट गई। आज़ाद ने झपट कर उनको तो ऐसा चरका दिया कि तिलमिला कर गिर पड़े। दूसरे हज़रत दस क़दम पीछे हट गए। बाँके सटक गए। अब मियाँ आज़ाद और कमीदान। वो कड़क पर झुके। उन्होंने निहायत ख़ूबसूरती से चोट रोक कर सर पर हाथ लगाना चाहा। उसने रोका और चाकी का हाथ दिया। अल-ग़रज़ आध घण्टे तक इनके–उनके शपाशप तलवार चला की। आख़िर-कार उन्होंने बढ़ कर जनेऊ का वो काफ़िर हाथ लगाया कि भण्डार तक खुल गया। मगर कमीदान भी गिरते–गिरते वाहिरा दे ही गया। तरफ़ैन से ख़ून के शर्राटे बहने लगे। इधर ये उधर वो धम से गिरे। उन्होंने कहा या अली वो बोले इलल्लाह।

* * *

---

1. अभिमान 2. दक्ष 3. एक आदमी का कई आदमियों से मुक़ाबला करना 4. चकराना 5. छोटी बन्दूक़, पिस्तोल 6. बैखलाया हुआ आदमी 7. कोरा बच जाना 8. युद्ध का मैदान 9. ख़राब 10. झगड़ालू 11. हट्टा-कट्ठा 12. अत्याचारी 13. बेडोल 14. मार-मार कर नीला कर देना 15. बेवक़ूफ़ 16. विलम्ब 17. हौसला 18. सेनापति 19. हमला 20. भरोसे

खाव पीर

यहाँ आज़ाद रेल पर बैठे नॉवेल पढ़ रहे थे कि दूसरे दर्जे से एक शख़्स ने पूछा, "या हज़रत! दो–एक दम लगाइए तो पेचवान हाज़िर है। वल्लाह वो मुश्क-बू धुआँ-धार पिलाऊँ कि पठाना की दुकान की तम्बाकू का मज़ा हासिल हो। लेकिन ऐसा न हो कि आप भैंसिया-जोंक[1] बन जाएँ। जी ज़रा इतना ख़याल रहे।" ऐं! हुक़्क़ा यहाँ रेल पर कैसे? पीछे फिर के मियाँ आज़ाद ने देखा तो एक बिगड़े दिल मज़े से बैठे हुए बे–ग़ुल–ओ–ग़श पी रहे हैं।

आज़ाद — ये क्या अन्धेर है भई। वल्लाह क्या–क्या बिगड़े दिल जमा हैं। आप रेल ही पर गुड़गुड़ाने लगे। धुआँ-धार और तुर्फ़ा उस पर ये कि हुक़्क़ा भी नहीं पेचवान और ईंट का जंगी तवा जो पहरों की ख़बर लाए। जो कहीं गार्ड या स्टेशन मास्टर देख लेगा तो उल्टी आँतें गले पड़ेंगी फिर आटे–दाल का भाव मालूम हो जाएगा बच्चा और जो आग लग जाए।

बिगड़े दिल — और जो मेंह भी साथ ही बरस पड़े और जो

आग लगते ही बुझ जाए और जो रेल ही टकरा जाए और जो आसमान फट पड़े और जो बिजली गिरे। इस (और जो) का तो जवाब ही नहीं है। ले पीजिएगा या बातें बनाइएगा। देखिए क्या ख़मीरा है। कौड़ी न दीजिए दम तो लगा लीजिएगा।

आज़ाद — ये दम किसी और को दीजिएगा। बन्दा मेहनाल दरवाज़े में रहता है। आप ज़ामिन होते हैं कि रेल पर हुक़्क़ा पीना जुर्म नहीं है।

बिगड़े दिल — अजी यहाँ तो बे-हुक़्क़ा गुड़गुड़ाए चैन ही नहीं आता। दोज़ख़ जाने में ईं-जानिब ख़ुश काहे से हैं। इसी से कि वहाँ जलते–बलते अंगारे मिलेंगे। यारों के तवे ख़ूब मज़े देंगे। सच्चे और पक्के कोयलों की उनके आगे अस्ल–ओ–हक़ीक़त ही क्या है ऐ तौबा। अजी जाइए भी आप तो बातों में लगाते हैं यहाँ हुक़्क़ा भड़का जाता है। दो–चार बेफ़िक्रों ने ख़ूब मज़े से हुक़्क़ा पिया। दो–चार ने चिलम ही पर किफ़ायत की। जब स्टेशन क़रीब आया तो आग गुल चिलम ग़ायब।

मियाँ आज़ाद अपने दिल में सोचे कि धुत भी क्या बुरी चीज़ है। चाहे जुर्माना हो जाए, धरे जाएँ, ज़लील–ओ–ख़्वार हों, मुजरिम बनें मगर हुक़्क़े का दम न छूटे ऐसी धुत पर तीन हरफ़।

एक स्टेशन पर रेल ठहरी तो ख़र्पुज़े[2] और आम पटे हुए। खाँचियों की खाँचियाँ लदी पड़ी हैं। शाख़ें आम के बोझ से फटी पड़ती हैं। टपका लगा है। आम टप–टप गिर रहे हैं। कोयल की सुरीली झंकार सितम ढाती है। पपीहों की प्यारी सदा कानों में आती है। अल्लाह–अल्लाह ये स्टेशन है या आम की दुकान। या ख़र्पुज़े की खान। क्यों भई ये आमपूर है या

ख़र्पुज़ा नगर। जिधर नज़र उठती है आम और ख़र्पुज़ा ही नज़र आता है। एक मुसाफ़िर बोले अजी नज़र न लगाइए। हज़रत अब की फ़सल तो खा लेने दीजिए यहाँ इसी पर तो ज़िन्दगी है। ख़ुदा झूट न बुलाए हम भी किस आफ़त के बन्दे हैं। अच्छा ख़ुदा के बन्दे सही। तलफ़्फ़ुज़ और इमला ग़लत। अच्छा अपने आप के बन्दे सही। इंशा ग़लत। अच्छा साहब शैतान के बन्दे सही सब ग़लत। अरे भई खाव पीर के बन्दे सही। पेट के बन्दे सही। हाँ ये मानी इसके साथ ज़बान का चस्का भी ऐसा ही है कि ख़ुदा की पनाह। दिन भर कोल्हू के बैल की तरह मुँह चला जाता है। अल्लम–ग़ल्लम ख़ुदा जाने क्या–क्या ज़हर मार किया करते हैं। ये साल भर के चिट्ठे का सत है। मगर ख़र्पुज़ा और आम की फ़सल में और ही मत है। और सच पूछो तो दुर्गत है। फ़ालीज़[3] में बेल बढ़ी और यहाँ कच्चे घड़े की चढ़ी। आम बाज़ार में आए और ईं-जानिब बौराए। ऐं ये बौराना क्या है। लाहौल वला। आप भी कहेंगे मैं आदमी हूँ। निरे चोंच ही रहे वल्लाह। बस जमाली ख़र्पुज़े ही निकले। इस भद्दी–खुदरी समझ पर तीन हरफ़। ज़रा तो मग़ज़ सुख़न को पहुँचो। बन्दा-ए-दरगाह तो ख़र्पुज़े और आम पर उधार खाए बैठे हैं। कपड़े बेच खाएँ। बासन नख़्ख़ास में पटेल लाएँ बदन पर लत्ता न रहे। चूल्हे पर तवा न रहे। उधार लें सुथना तक गिरो[4] रखें। बिगड़ा करें। झगड़ा करें मगर ख़र्पुज़े पर ज़रूर छुरी तेज़ हो। मा–बदौलत हों और फ़ालीज़ हो। तड़का हुआ चाक़ू हाथ में लिया और बन्दा चला। बाज़ार है कि महक रहा है। खाँचियों की खाँचियाँ खचा-खच भरी हुई हैं। ख़रीदार हैं कि टूटे पड़ते हैं। लड़ते हैं झगड़ते हैं। ये खाँची हमारी वो ढेर

हमारा। कंजड़ा बोले तो धप खाए। वो दस के बीस हाथों–हाथ ले लें। एक तराशा, दूसरा तराशा, तीसरा तराशा। ख़ूब चखे। आँख चूकी तो दो–चार मुँह में दबाए और चलते–फिरते नज़र आए। वो आदमी क्या बन्दर हो गए। मियाँ सच तो ये है कि लखनऊ के ऐसे खरे ख़रीज़े सारी ख़ुदाई में नहीं देखे न सुने। लज़ीज़–ओ–शीरीन और फिर अबकी साल तो यारों की पौ बारह हैं। गर्मी की शिद्दत, आफ़ताब की हिद्दत। धूप की तमाज़त, ज़मीन की हरारत ने वो ऐजाज़ दिखाया कि एक–एक फल को कूज़ा-ए-क़न्द–ओ–नबात[5] बनाया। क़ाबिल के सर्दे का बाज़ार सर्द है। कश्मीर का गिलास गर्द है। इधर ख़रबूज़ों का ख़ात्मा बख़ैर हुआ। उधर आम की फ़स्ल आई फिर क्या था। मुँह-माँगी मुराद पाई। जिधर देखिए ढेर के ढेर चुने हैं। जिस तरफ़ नज़र कीजिए अम्बार के अम्बार लगे हैं। बम्बई, सिल्ट, मालदार, शाह पसन्द, ज़ाफ़रानी, पेवन्दी, तुख़्मी, क़लमी, वज़ीर पसन्द, सफ़ेदा, अल्फ़न, जाफ़र बाग़, फ़क़ीर वाला, लंगड़ा खचाखच खाँचियों में भरे हैं। शीरा-शीरीन ख़ुश-गवार बू–बास में तार–तार शीरीनी में शहद की कुप्पी। सफ़ेदा रंग–ओ–बू का बादशाह है। ये सुर्ख़ा है या करमबदी। रोज़ की बोतल पोण्डे का क़लम बनाऊँ तब तो शीरीनी की तारीफ़ लिख पाऊँ। वाह क्या बात है। आम क्या हमशीरा–ए–क़न्द–ओ–नबात है। सच तो यूँ है कि उसका शीरा आब–ए–हयात है। रेशा–रेशा दिलों में ख़ुशी की लहर दौड़ाए, शुक्र लबों के मुँह में पानी भर आए। ये अस्ल क़न्द नक़्ल है। शहद की भला क्या अस्ल है। यहाँ तो ये कैफ़ियत है देखा और झपाक उठाया, उठाया और तराशा। तराशा और

खाया। खाया और लोट हो गए। दम-नक़्द[6] आदमी ठहरे। माल अस्बाब के कौड़े किए और खाने बैठे तो दो दाढ़ी खा गए चार दाढ़ी खा गए। ऐं! ये दाढ़ी खाना कैसा। अजी हज़रत आम इतने खाए इतने खाए कि। इलाही ख़ैर कुछ कहोगे भी। अजी इतने खाए कि दाढ़ी और ठोड़ी तक अम्बार लगाए।

हज़रत गुरस्ना-चश्म[7] ये डींग हाँक ही रहे थे कि रेल ठहरी और एक अहलकार सरकार ने इनके दर्जे में आन-कर पूछा फ़ुलाँ शख़्स कहाँ है। मियाँ आज़ाद आप जानिए एक ही काइयाँ आदमी। दुनियाभर के न्यारिये भाँप गए कि दाल में कुछ काला–काला ज़रूर है।

बोले कि हम मुसाफ़िर आदमी हमें भला क्या मालूम कि कौन कहाँ है हम क्या ख़ुदाई फ़ौजदार हैं। इस पर उन खाव मियाँ ने चादर से मुँह लपेट कर रूपोशी की और वो अहलकार दूसरे दर्जे में तलाश करने लगे।

मियाँ आज़ाद ने दबे दाँतों कहा कि उस्ताद तुम जो रूपोश हुए तो इसमें कुछ भेद ज़रूर है। भई और किसी से कहो या न कहो यारों से तो न छुपाओ। इसने क्या कहा। रूपोशी। माशाअल्लाह अच्छी कही। क्या किसी का क़र्ज़ धराते हैं। या माल मारा है। या किसी का बाप मारा है या कहीं ख़ून करके आए हैं।

आज़ाद — आप बहुत तीखे होजियेगा तो बन्दा धरवा ही देगा। ले बस कच्चा चिट्ठा कह सुनाओ वरना मैं पुकारता हूँ फिर।

अरे नहीं–नहीं ऐसा ग़ज़ब भी न करना। यारचे मियाँ साफ़–साफ़ बता दें हम ने अबकी फ़स्ल में ख़र्पुज़े और आम

ख़ूब छक कर चखे मगर टका कफ़न को पास नहीं। पूछो लाए किस के घर से। पहले तो क़र्ज़ दाम लिया फिर एक दोस्त का मकान अपने नाम से टपेल डाला। कौड़े[8] किए और आम लिए। अब नालिश हुई है सो हम भागे जाते हैं।

आज़ाद — ऐसे आम खाने पर भी चार हर्फ़ ल. आ. न. त. वाह रे नादान। देखिए नादान–वादान न बनाइएगा। ये जले–कटे फ़िक़रे किसी और को सुनाइएगा। वरना बेढब ठहरेगी।

हाँ ये कहिए तो बेढब ठहरेगी। अच्छा बुलाऊँ चपरासी को धरवा दूँ फिर। न भाई चाहे दो–चार सलवातें और सुना लो।

इतने में एक मुसाफ़िर ने कई दर्जे फाँदे। वो उचका, ये आया, ये झपटा, वो पहुँचा, और धम से मियाँ आज़ाद के पास हो रहा।

मुसाफ़िर — (मियाँ आज़ाद से) ग़रीब परवर। ग़रीब परवर।

आज़ाद — किस से कहते किस से हो। हम से? आज तो कहा अब न कहना हम ग़रीब परवर नहीं। अमीर परवर हैं। रईस परवर हैं।

मुसाफ़िर — हुज़ूर अमीर लोग ग़रीबों की भी सुना करते हैं।

आज़ाद — हाँ तो जो अमीर हो न। ईं-जानिब तो अमीर परवर रईस गर हैं। अमीर परवर बन कर अब ग़रीब परवर हमारे दुश्मन हों।

मुसाफ़िर — चलो साहब वो अमीर परवर नहीं। अमीर के बाप परवर, दादा परवर सही। ज़रा हमारी भी तो सुनो। हम भी अमीर-ज़ादे हैं रईस के लड़के हैं। इस वक़्त एक सवाल है।

आज़ाद — सवाल स्कूल के लड़कों से कीजिए या वकालत के उम्मीदवारों से।

मुसाफ़िर — दाता ज़रा तो सुनो।

आज़ाद — दाता भण्डारी, बावर्ची को कहते हैं। दाता कहीं और रहते होंगे।

मुसाफ़िर — इलाही तौबा अच्छे सोम से सवाल किया। किसी सख़ी से माँगते तो घर भर देता।

आज़ाद — कहो तो तुम्हारा मुँह हम भी मोतियों से भर दें। अब कुछ कहोगे भी, माँगते ही चले जाओगे।

मुसाफ़िर — कहूँ क्या। सूरत–ए–सवाल है। एक रुपया दिलवाओ तो दुआएँ देता जाऊँ।

आज़ाद — ओह जी। दुआ के ईं-जानिब क़ायल ही नहीं।

मुसाफ़िर — अच्छा तो फिर गालियाँ दूँ सलवातें सुनाऊँ।

आज़ाद — गालियाँ दो तो बत्तीसी हलक़ में हो। उल्टी आँतें गले पड़ें।

मुसाफ़िर — या इलाही यूँ चैन न दूँ चैन। अरे ग़ज़ब। ऐ लो स्टेशन क़रीब आ गया। अब मुफ़्त में बेइज़्ज़त होंगे।

आज़ाद — ये क्यों?

मुसाफ़िर — क्यों क्या! टिकट पास नहीं। घर से रुपया लेकर चले थे। शामत–ए–आमाल बनारस का लंगड़ा आम नज़र पड़ा। बन्दा दरगाह खाव पीर के मुरीद। आव देखा न ताव दो रुपया टेण्ट से निकाले और आम पर छुरी तेज़ की। अब गिरह

में कौड़ी न पास लत्ता, गट्टे खाएँ अलबत्ता।

आज़ाद — वाह बे पेटू! भला फिर यहाँ तक आए क्योंकर।

मुसाफ़िर — इसकी न पूछिए। यहाँ सैंकड़ों ही असीटें याद हैं। लेकिन अब एक न चलेगी अब स्टेशन आ गया।

इतने में रेल कूकी और स्टेशन मौजूद। टिकट बाबू की काली–काली टोपी और सफ़ेद खोपड़ी चमकती हुई नज़र आई। टिकट–टिकट, टिकट निकालो। मियाँ आज़ाद तो टिकट देकर लम्बे हुए। बाबू ने इनसे टिकट माँगा तो लगे बग़लें झाँकने। वेल तुम्हारा टिकट कहाँ। वो सर खुजला रहे हैं। वेल टिकट निकालो। तुम कैसा आदमी है बाबू जी हम पर तो अबकी साल टैक्स–वैक्स नहीं बँधा। यू फ़ूल। उल्लू आदमी। माक़ूल। उल्लू आदमी कैसा हुआ करता है। आपके बंगाल में होता होगा इधर तो कभी देखने में नहीं आता। तब तो बाबू झुँझलाया। कॉन्स्टेबल! कॉन्स्टेबल! इसको हवालात करो। टिकट नहीं दिखाता और औल–फ़ौल बकता है शाला।

कॉन्स्टेबल ने हज़रत की गर्दन नापी और हज़रत गुरस्ना-चश्म:

थाने को चले मचल–मचल कर

* * *

---

1. पीछा न छोड़ने वाले 2. ख़रबूज़े 3. ख़रबूज़े या ककड़ी का खेत 4. गिरवी 5. कन्द-मूल और वनस्पतियों का कटोरा 6. उसी वक़्त 7. लालची, कंजूस 8. रुपया, दाम

मियाँ फ़ज़ीहत

एक सेठ साहब ने अपने एक दोस्त बाबू साहब से कहा कि हमें एक नौकर तलाश करके ला दो।

बाबू जी सटर-पटर करते चले जाते थे कि इतने में देखते क्या हैं कि एक आदमी बाँसुरी बजाता चला आता है। अबे तू कौन है? हम कौन हैं? हम आदमी हैं आदमी। आदमी नहीं तो क्या जानवर है? जानवर नहीं तो क्या आदमी हूँ। आप अपना मतलब कहें। अबे चल नौकरी कर। हाँ–हाँ (उछल कर) ओहो होहो किसके यहाँ। एक सेठ हैं। ना मियाँ वो मुझे मारेगा। भला सेठानी भी हैं। हाँ हैं। अच्छा चलो रहा। सुब्ह को खाऊँगा। नौ बजे खाऊँगा। दोपहर को खाऊँगा। तीसरे पहर को खाऊँगा। शाम को खाऊँगा और शाम से लम्बी तानूँगा तो सुब्ह की ख़बर लाऊँगा। और जो आँख खुली तो सेठ जी या सेठानी खाना दे जाएँ। अच्छा चलो तो वहाँ तक चलता हूँ मगर खाना बहुत सा खाऊँगा। बाबू साहब उसको ले चले। राह में कोई अठारह दफ़ा ही मचला ख़ुदा–ख़ुदा करके पहुँचे।

बाबू — लो सेठ जी आदमी ले आए।

सेठ — काम अच्छा करेगा रे?

आदमी — हाँ बहुत खाऊँगा दस दफ़ा खाऊँगा।

सेठानी — अरे कुछ काम–काज भी करेगा या दिन भर मुँह ही चलाता जाएगा मूए।

आदमी — दस दफ़ा खाऊँगा।

सेठानी — अब मैं कहीं चपत न जमाऊँ बढ़ कर।

सेठ — अरे तू फिर बोली। औरत जात और चपत की बात।

सेठानी — अजी तो क्या ये तुम्हारा क़िब्ला-गाह[1] है।

अल-ग़रज़ वो झट से नौकर हो गया। मगर बराबर यही कहता गया कि दिन भर में अठारह बार खाऊँगा।

सेठ — हम अपनी दुकाँड़ जाता हूँ। सेठानी जो कहें वो चुपके से कान में कह जाना।

यह कहकर सेठ जी तो दुकान पर गए और बाबू साहब से हिसाब होने लगा।

सेठ — (बही खाता खोलकर) आप पर पाँच सौ हैं जी।

बाबूजी — अरे पाँच सौ! ढाई सौ के पाँच सौ हो गए।

सेठ — और सूद नहीं चढ़ा।

सेठानी — आदमी ओ आदमी! अरे तेरा नाम क्या है?

आदमी — फ़ज़ीहत। अजी मुजको रोटी दो। भूक लगी है।

सेठानी — मर मूए! आग लगे तेरे पेट को। जा सेठ जी से दुकान पर जाकर चुपके से कह दे कि घर में चावल नहीं है। कान में कहना अलग बुला कर।

फ़ज़ीहत — अजी रोटी तो दे दो। बड़ी भूक लगी है।

सेठानी — होए! दूर हो निगोड़े। चावल तो है नहीं खाएगा क्या अंगारे।

फ़ज़ीहत ने दुकान पर जाकर और इशारे से बता कर सेठ को अलैहदा बुलाया। अब सेठ जी जों–जों आगे बढ़ते आते हैं मियाँ फ़ज़ीहत पीछे हटते जाते हैं। आख़िरकार कान में ग़ुल मचा कर कहा कि चावल नहीं है।

सेठ — दत गधा! अरे गुल (ग़ुल) क्यों मचाया। हमारे यहाँ चावल नहीं और तू सबके सामने जोर (ज़ोर) से कहता है।

बाबू — देखो फ़ज़ीहत जो अब सेठानी जी भेजें तो उनके कान में कहना जिसमें कोई और न सुने। खबरदार। कान में कहियो। कान में।

सेठानी — अरे फ़ज़ीहत कह आया। जा अब उनसे कह दे कि तुम्हारी माँ अभी–अभी मर गईं। जल्दी जा दौड़ता हुआ। हाय मेरी सास बेचारी उठ गई। अरे जल्दी जाना।

फ़ज़ीहत — अजी मुझे खाना तो दे दो। जल्दी दो बड़ी भूक लगी है।

सेठानी — भाड़ में जाए तेरा पेट मूए। अरे मुर्दा घर में पड़ा है और तू खाना माँगता है। उनकी तो माँ मर गई और तुजको पेट की पड़ी है।

फ़ज़ीहत — अच्छा मुर्दा उठ जाए तो दोगी। तो लाओ इधर से इस बुढ़िया को भी गढ़िया में फेंकता जाऊँ और उनको भी ले आऊँ जिसमें खाने में देर न हो। अच्छा जाता हूँ। दुकान पर पहुँच कर अपनी बाँसुरी बजाई और चुपके से इशारा किया कि यहाँ आओ। सेठ जी क़रीब आए तो कहा कान पास लाइये और खिसक आइए। आप की बुढ़िया ढुलक गईं। सेठ ने सर पीटना शुरू किया और मियाँ फ़ज़ीहत पर एक–दो हत्तड़ ऐसा लगाया कि इनके पन्थर बिगड़ गए। बाबू बीच–बचाव करने आए तो इनपर भी दो–एक पड़ गईं।

बाबू — अरे बेवकूफ़ (बेवक़ूफ़) ये कौन छिपाने की बात थी कि तू ने कान में चुपके से कहा। उनकी माँ मर गईं और तू चुपके से कहता है। जा गधे रोते, सर पीटते क्यों न आया।

सेठानी — अरे फ़ज़ीहत जा दौड़ कर कह आ कि तुम्हारे घर में लड़का हुआ। दौड़ता जा।

फ़ज़ीहत — ओहो होहो! आहा हाहा। अब तो रोटी खिलाओ। अजी मुझे बड़ी भूक लगी है। पहले तो चावल न थे। फिर बुढ़िया ढुलक गई फ़ाक़ा[2]। अब लड़का हुआ है इसी बात पर खाना खिलवा दो।

सेठानी — अरे मूए मैं तो ज़च्चा ख़ाने में हूँ। इनको बुला ला तो आज वही मुँह फूँकें। लकड़ियाँ लेता आना।

मियाँ फ़ज़ीहत रोते, सर पीटते, ग़ुल मचाते, आँसू बहाते दुकान पर पहुँचे। हाय–हाय अरे ये क्या हुआ। अरे दौड़ो हाय रे उफ़–उफ़। अरे आसमान फट पड़ा रे। ओह–ओह। सेठ जी भी लगे सर पीटने कि क्या जाने क्या वाक़िआ हुआ।

बाबू — अरे बता तो हुआ क्या। आख़िर कोई मर गया है।

फ़ज़ीहत — अजी बाबू जी पहले रो तो लो। ख़ूब रो लो। हाय–हाय अरे उफ़ या ख़ुदा (अहल–ए–जलसा की तरफ़ मुख़ातिब हो कर) तुम भी रो लो। (सेठ के कान में) आपके यहाँ लड़का हुआ है जाइए मुँह फूँकिए लकड़ियाँ लेते जाइएगा।

सेठ ने फ़ज़ीहत को ख़ूब ठोंका। उस शख़्स के यहाँ तो लड़का हुआ वहाँ से रोता, चिल्लाता, चीख़ता, ग़ुल मचाता आया और कहता है कि मुँह फूँको चल कर और लकड़ी लेते चलो।

बाबू — अबे तू बड़ा गधा है बे।

फ़ज़ीहत — वाह बाबू बड़े तो सेठ हैं उनसे उतर कर आप।

बाबू — जा अब ऐसी बात हो तो शकर बाँटते आना और ख़ूब खिलखिलाना।

सेठानी — अरे ग़ज़ब! लो आग लग गई। अरे फ़ज़ीहत जल्दी दुकान पर जा। कह घर में आग लग गई।

फ़ज़ीहत — अजी मुझे रोटी तो खिला दो हाय मैं तो मरा जाता हूँ।

मियाँ फ़ज़ीहत दुकान पर जाते हो ख़ूब खिलखिलाए। ओहो होहो! आहा हाहा! कह कह कह! लो शकर खाओ। मुहल्ला भर को शकर बाँटिए और दुकान की तरफ़ से जो निकले उसे शकर खिलाइए।

सेठ — क्या है? क्या कोई और लड़का हुआ!

फ़ज़ीहत — घर में आग लगी है। सेठानी घर के बाहर मुँह खोले खड़ी सर पीट रही है। सेठ जी ऐसे घबराए कि बही को दुकान पर छोड़ सीधे घर गए और बाबू साहब ने मौक़ा–ए–ग़नीमत[3] जान कर बही बग़ल में दबाई और मा-फ़ज़ीहत के चले आग बुझाने। वहाँ पहुँचे तो बही को भी आग में "भस्म" कर दिया और पाँच सौ के पाँच पैसे भी न दिए।

* * *

---

1. श्रद्धेय स्थान 2. भूका रहना 3. जिस मौक़े का इन्तज़ार था

शरीर लड़का

आज़ाद और उनके दोस्त बाज़ार में झूमते–घूमते चले जा रहे थे। इतने में दो–चार लड़के स्कूल से निकले। सब हम-सिन और कम-सिन। मगर उनमें से एक बड़ा शरीर था। किसी पर धप जमाई। किसी को चपत लगाई। किसी के कान गर्मा दिए। अपने से डेवढ़ों–दूनों तक को चपतियाता था। और काला कोयला चेचक रू बद-क़ता बद वज़ा कपड़े, सब फटे–फटे, पुराने–धुराने, मैले–कुचैले, रौशनाई से आस्तीन उसकी सूरत की तरह स्याह। हाथ–पाँव पर इस दर्जा गर्द कि ख़ुदा की पनाह। मआज़ल्लाह। आज़ाद ने दोस्त से पूछा कि क्यों साहब ये हज़रत तो बड़े मुर्शिद, परले सिरे के बदमाश, एक ही गुर्गे मालूम होते हैं। ज़रा देखिए तो अपने से दूने तक की ख़बर लेता है। मगर देख लीजिएगा कोई इनका भी गुरू पैदा हो ही जाएगा। किसी रोज़ ठोंके जाएँगे बस फिर ये सब बातें बनाना भूल जाएँगे। दोस्त ने मुस्कुरा कर चुपके से कहा कि मियाँ ख़ुदा के लिए इनके मुँह न लगना। इनके काटे का

मन्त्र ही नहीं। ये स्कूल भर में मशहूर हैं। जिस तरफ़ निकल जाते हैं उँगलियाँ उठती हैं। दो दफ़ा तो चोरी की इल्लत में धरे गए। एक मर्तबा मार–पीट की वज्ह से चालान हुआ। कुछ पूछिए न। इनके मारे मुहल्ले भर का नाकों में दम है। ऐसा ख़ुदाई-ख़्वार तो कोई देखा ही नहीं। एक रिवायत सुनिए। एक दफ़ा हज़रत को शरारत सूझी फिर सोचने और ग़ौर करने की हाजत न थी। ख़ैर साहब फ़ौरन सोचे एक पाँव जूता निकाल कर हज़रत ने अलमारी पर रख दिया और उसी अलमारी पर एक तालिब इल्म की किताबें भी रखी थीं। उन किताबों पर आपने जूता रख दिया। थोड़ी देर के बाद उसी तालिब इल्म से कहा कि अरे यार इस वक़्त ज़रा अक़्लीदस[1] तो देना, शब को सो रहे एक शक्ल भी नहीं याद की। आज मास्टर साहब बेतौर ठोकेंगे। अब बचना मुहाल है। लाओ भई ज़रा बस्ते में से अक़्लीदस निकाल दो। सब नहीं तो कुछ तो याद कर लेंगे। वो सीधा–सादा लड़का —

वह तो सादह ग़रीब क्या जाने

उसकी हरकत को कैसे पहचाने

चुपके से उठा कि तहरीर–ए–अक़्लीदस निकाल दे। जैसे किताब अलमारी पर से उठाई बस वैसे ही जूती मुँह पर आई और उछल कर क़रीब के एक और तालिब इल्म के शाने से छूकर ज़मीन पर गिरी तड़ से और क्लास में फ़रमाइशी क़हक़हा पड़ा। सब लड़के खिलखिला कर हँस पड़े। मास्टर साहब यूरोपियन जेंटलमैन वो अलग चौंक पड़े कि ये माजरा क्या है। उनका चेहरा सुर्ख़ हो गया —

काटो तो लहू नहीं बदन में

बहुत ही झल्ला कर पूछा कि ये किसकी जूती का पाँव है। अब आप चुपचाप बैठे जुग़राफ़िया पढ़ रहे हैं। गोया उनसे कुछ वास्ता ही न था। कानों-कान ख़बर ही नहीं। मगर उनका तो दर्जा भर दुश्मन था। क्योंकि ये सबको छेड़ा करते थे। किसी लड़के ने इशारे से जड़ दी कि हज़रत हैं। ज़ोर से चिल्ला कर नहीं कहा कि ऐसा न हो बाहर निकल कर गुद्दे जमाए। साहब ने उनको मेज़ के क़रीब बुलाया। अब क़लई खुल गई। हज़रत की क़ता मुबारक मुलाहिज़ा फ़रमाइएगा। बाल बिखरे हुए, सर पर ख़ाक। बदन पर मिट्टी। एक पाँव में बूट दूसरे में सफ़ाया।

मास्टर — वेल दूसरा पाँव कहाँ टुमारा (तुम्हारा) दूसरा पाँव किडर (किधर)?

जवाब — जनाब पाँव तो मेरे दोनों मुस्तैद हैं (पाँव दिखा कर) लीजिए। एक। और ये दूसरा। बस दोनों हो गए या नहीं।

मास्टर — वेल जूता। जूती। जूतो।

जवाब — बहुत ही ख़ासे। जूता मुज़क्किर मर्दाना। जूती मुअन्निस ज़नानी और जूतो जैसे चमार कहते फिरते हैं कि जूतो बनवा लो जूतो।

मास्टर — बेहया बेंच पर खड़ा हो।

जवाब — (गिड़गिड़ा कर) मैं डण्ड पेल जवान। ये लम्बी दाढ़ी और खड़ा हूँ बेंच पर। ना साहब कोई और सज़ा तज्वीज़िए।

मास्टर — अच्छा कल के सबक़ को सौ बार काग़ज़ पर लिख लाना।

जवाब — कितने कितने कितने मर्तबा? सौ!!! और सबक़ कब याद करूँगा। ना क़िब्ला। कोई और सज़ा तज्वीज़िए।

मास्टर — वेल एक दर्जा हमने घटा दिया तुम्हारा।

जवाब — देखिए इंसाफ़ का ख़ून न कीजिए। क़ुसूर मैं करूँ मुजरिम दर्जा हो। दर्जे ने क्या किया। वो तो अपनी जगह से हिला तक नहीं।

मास्टर — अच्छा आठ आना जुरीमाना (जुर्माना)।

जवाब — (उस तालिब इल्म की तरफ़ मुख़ातिब होकर जिस बेचारे पर बूट गिरा था) लो भई फिर भुनाए कौन। कहो तो पूरा रुपया ही न लेते आएँ। समझे इस पर एक और फ़रमाइशी क़हक़हा पड़ा और दर्जा भर लोटने लगा। अब साहब हैरान हैं। आख़िर ये सब के सब हँसे क्या समझ कर। मगर वो इस रिवायत को क्या जानें। ख़ैर जब छुट्टी हुई तो आप हाथ बाँध कर साहब के सामने खड़े हुए। हुज़ूर आप बजाय मेरे बाप के हैं। उस्ताद और बाप का एक दर्जा होता है। जुर्माना मैं न दे सकूँगा। आप कल ज़रूर–ज़रूर याद करके आठ आने साथ लेते आइएगा भूलिएगा नहीं। ख़ैर दूसरे दिन आप जुर्माने के आठ आने साथ लाए तो मोटे पैसे खट–खट कर के मेज़ पर डाल दिए। ऐं! ये क्या। हुज़ूर पैसे हैं। वेल अठन्नी क्यों नहीं लाया। क़िब्ला–ओ–काबा ये शर्त न थी। और लुत्फ़ ये कि लाए भी तो पूरे आठ गण्डे मगर मोटे पैसे ज़्यादा चलते हैं।

एक दफ़ा एक कुत्ते की दुम में कपड़ा बाँधा और उसमें छछुन्दर बाँधी और आग दिखा दी। फिर लुत्फ़ देखिए कि चौ-तरफ़ा कुत्ता नाचता था। आप ने सुना होगा मगर इन मियाँ ने दिखा ही दिया। कई छप्पर फूँक दिए कई दुकानें झुलस दीं। कई आदमियों के कपड़े जला दिए बस्ती भर में शोर था। ख़ुदा–ख़ुदा करके आग बुझी मगर उस बे-ज़बान बेचारे की जान ही पर बन आई और सुनिए एक भले मानुस के यहाँ कह आए कि तुम्हारे लड़के को स्कूल में हैज़ा हुआ। जल्दी जाओ और अभी लाओ। उनके घर में रोना पीटना मच गया। उस लड़के का बाप और भाई और चचा और मामूँ सब दौड़ते हुए स्कूल पहुँचे और औरतों ने आठ–आठ आँसू रोना शुरू किया। कोई सर पीटती है। कोई नाम ले–ले कर पुकारती है। वो लोग जो स्कूल गए तो देखते हैं कि लड़का मज़े से बातें करता हुआ और तलबा के साथ–साथ आ रहा है। गले मिले और ख़ुदा का शुक्रिया अदा किया। आख़िर-कार मालूम हुआ कि ये इन्हीं ज़ात–ए–शरीफ़ की कारस्तानी है। इन्तेहा–ए–शरारत ये है कि अपने बाप को एक मर्तबा नमक के एवज़ फिटकरी खिला दी और जान बूझ कर। तुर्रा उस पर ये कि बड़े फ़ख़्र से आपने फ़रमाया कि अब्बा सच कहना क्या गहरा चकमा हुआ है क्यों न कहोगे।

आज़ाद — वाह वाह ! ये तो एक ही मुर्शिद निकले।

* * *

---

1. अंकगणित, रेखा गणित

हलवाई की दुकान दादा जी की फ़ातिहा

मियाँ आज़ाद और ज़र्राफ़ घर पहुँचे। रौशन ने कहा हुज़ूर बेगम साहब आपको कोई बीस बार पूछ चुकी हैं। इतने में लौण्डी अन्दर से आई (मियाँ घर में बुलाती हैं) मियाँ ज़र्राफ़ ने दहलीज़ पर क़दम रखा ही था कि उनकी बीवी ने आड़े हाथों लिया। ये दिन–दिन भर आप ग़ायब कहाँ रहने लगे। अब तो ख़ैर से बड़े सैलानी हो गए सुब्ह के निकले–निकले शाम को ख़बर ली। चलो मेरे सामने से जाओ मुझे इन बातों से नफ़रत है। बस आज खाना–वाना ख़ैर-सल्ला है यहाँ कुछ पका–वका नहीं। हलवाई की दुकान पर दादा जी की फ़ातिहा पढ़ो। तनूरी रोटियाँ उड़ाओ। यहाँ किसी को कुत्ते ने नहीं काटा है कि वक़्त–बेवक़्त चूल्हे का मुँह काला किया जाए। भले मानुस आदमी दो–एक घड़ी के लिए ज़रा कहीं गए तो गए ये नहीं कि दिन भर पता ही नहीं। अच्छे हथकण्डे सीखे हैं। ज़र्राफ़ ने चुपके से कहा कि नेक-बख़्त ज़रा आहिस्ता–आहिस्ता बातें कर बाहर एक भला मानुस टिका हुआ है इतनी भी क्या

बेहयाई। इस पर वो चमक कर बोलीं कि बस–बस ज़बान न खुलवाओ बहुत। तुम्हें जो दोस्त मिलता है ख़ुदाई ख़्वार घर न बार। जाने कहाँ के अलिफ़्ते[1] इनको मिल जाते हैं। कभी किसी शरीफ़ ज़ादे से दोस्ती करते देखा नहीं। चलिए अब दूर होजिये नहीं तो हम बे-तौर पेश आएँगे। मुझ से बुरा कोई नहीं। मियाँ ज़र्राफ़ बेचारे की जान अज़ाब में कि घर में बीवी बेनुक़्त[2] सुना रही हैं और बाहर मियाँ आज़ाद लाखों ही गालियाँ देंगे कि आपकी बीवी ने आपको तो ख़ैर जो कुछ कहा था मुझे क्यों ले डाला। मैंने क्या उनका बिगाड़ा था। अपना सा मुँह लेकर बाहर निकल कर आए और आज़ाद से कहा कि यार आज रोज़े की नीयत कर लो। बीवी फ़ौजदारी पर आमादा हैं। भई ऐसी तुर्श मिज़ाज तो देखी ही नहीं। बात हुई और तुनक गईं। महीनों रूठी ही रहती हैं। मगर क्या करूँ अमीर की लड़की है। वरना मैं एक झल्ला। मुझे ये बद-मिज़ाजी पसन्द कहाँ।

सो भई आज फ़ाक़ा है फ़ाक़ा ही सही। आज़ाद बोले कि फ़ाक़ा आपके दुश्मनों को चलिए नानबाई–हलवाई किसी की दुकान पर मज़े से चलकर खाना चख आएँ और दनदनाएँ। उन्होंने आह–ए–सर्द खींच कर कहा। इतने ही होते तो फिर बीवी की क्यों सुनते। मियाँ पैसा–टका पास नहीं हलवाई क्या हमारा मामूँ हैं। आज़ाद एक ही खराँट बोले कि वाह इसकी फ़िक्र किसे है आप हमारे साथ चलिए और मज़े से मिठाइयाँ चखिए। मगर जो तदबीर बता दें उसमें फ़र्क़ न आने पाए। हाँ ज़रा इसका ख़याल रहे। चलिए बस अब साथ–साथ हो जाइए वो सूझी है कि कभी पट ही न पड़े। सोने की चिड़िया।

अल-ग़रज़ मियाँ आज़ाद हज़रत ज़र्राफ़ को लेकर बाज़ार पहुँचे और हलवाई की दुकान के क़रीब से ये आगे बढ़ गए।

आज़ाद ज़रा पीछे रह गए। ज़र्राफ़ सिखाए–पढ़ाए, समझाए–बुझाए तो थे ही जाते ही हलवाई से कहा कि मियाँ आठ आने के पैसे दो और आठ आने की पंच मेल मिठाई। हलवाई ने पंच मेल मिठाई ख़ासी ताज़ी–ताज़ी तौल दी और आठ आने डबल गिन दिए। पैसे तो मियाँ ज़र्राफ़ ने डुपट्टे में बाँधे और मिठाई उसी की दुकान पर चखने लगे। इतने में मियाँ आज़ाद आ निकले। भई लाला ज़रा उम्दा–ताज़ा लड्डू तो एक रुपया के तौल देना मगर नुख़ूदी[3] के हों। उसने एक रुपए के लड्डू तौल कर चंगेल उनके हाथ धरी। इतने में हज़रत ज़र्राफ़ ने, पैसे और मिठाई जो हलवाई से पहले ली थी, सँभाल कर चलने का क़स्द किया और बिस्मिल्लाह कर–कर उठ खड़े हुए। तब तो हलवाई ने ललकारा कि मियाँ चले कहाँ ज़रा पहले बाएँ हाथ से पैसे तो रखे जाओ। वो। पैसे कहता हूँ। रुपया! ख़ूब अच्छा मज़ा है। ऐं! अबे रुपया क्या तूने पाया नहीं। पहले रुपया दिया फिर सौदा लिया। क्या चोरों–उचक्कों से साबिक़ा रहा है। और सुनिए साहब अच्छे मिले दो–दो मर्तबा रुपया दें लिए मरते हो। कहीं मैं रपट न लिखवा दूँ। मुझे भी कोई गँवार समझे हो। अरे ना-माक़ूल चेहरा शाही तो अभी–अभी दे चुका हूँ अब क्या किसी का घर लेगा। इस पर हलवाई और ज़र्राफ़ में तकरार होने लगी और इस दर्जा बढ़ी कि तू–तू मैं–मैं होने लगी। लोगों को शगूफ़ा हाथ आया। इनकी दो घड़ी की दिल्लगी हुई। इर्द–गिर्द सब हवाली–मवाली। बाज़ारी तमाशाई डट गए। ठट के ठट लगे हुए हैं। कोई कहता है लाला घाँस खा गए हो। कोई कहता है मियाँ एक रुपया के लिए नीयत डाँवाडोल न करो। इतने में आज़ाद ने कहा कि मियाँ हलवाई अब कहीं इसी तरह मेरा रुपया भी न भूल जाइएगा। क्या आपका रुपया! आपने रुपया दिया किस को। अब जो सुनता

है वो उस हलवाई ही को उल्लू बनाता है। चौ-तरफ़ा से उस पर ले–दे होने लगी। और लोगों ने बहुत कुछ लानत–मलामत की कि शरीफ़ आदमियों को बेइज़्ज़त करते हो। रुपया ले के ख़ूब मुकर जाते हो। लाला साख जाती रहेगी। इतने में उस हलवाई का बुड्ढा बाप जो आया तो देखता क्या है कि दुकान के इर्द–गिर्द हुजूम है। पूछा क्या माजरा है क्या दुकान लुट गई है। एक बिगड़े दिल ने कहा अजी लुट तो नहीं गई मगर अब तुम्हारी दुकान की साख जाती रही। अभी एक भले मानुस ने खन से रुपया फेंका। अब कहता है कि हमने रुपया पाया ही नहीं। उसको छोड़ा तो दूसरे बेचारे शरीफ़ का दामन पकड़ लिया कि तुमने भी रुपया नहीं दिया हालाँकि वो बेचारे सैंकड़ों क़सम खाते हैं कि मैं दे चुका हूँ। हलवाई बड़ा तीखा बुड्ढा था। सुनते ही आग हो गया और झल्ला कर अपने बेटे की खोपड़ी पर तान के एक टीप लगा बैठा। हात तेरे की कहता हूँ कि भाँग न खाया कर। मानता ही नहीं। क्यों फिर खाएगा भाँग। जा बैठ दुकान पर।

ज़र्राफ़ और मियाँ आज़ाद ने मज़े से डेढ़ रुपया की मिठाई बाँध ली और आठ आना के पैसे ऊपर से रास्ते में क़हक़हे लगाते चले। जब घर पहुँचे तो ख़ूब लड्डू और बर्फ़ी और पेड़े चखे। बचे बचाए अन्दर भेजे।

* * *

1. लुच्चे, शोहदे 2. अभद्र भाषा 3. बेसन का 4. सामना, पिछला

ईद–उल–अज़्हा की तैयारियाँ

ईद के एक दिन पहले हुस्न आरा और सिपहर आरा दोनों बहनें पर्दा करा कर बाग़ की सैर कर रहीं थीं कि इतने में एक दरबान ने महरी को पुकार कर कहा "अब्बासी ज़रा पर्दा कर दो सवारियाँ उतरेंगी।"

सिपहर – लो बाजी, गेती आरा और जहान आरा बहन आ गईं।

हुस्न आरा – चलो जल्दी से पर्दा हो जाए। दोनो बहनें तर्रारा भर के मकान के अन्दर हो रहीं। बग्घी घड़घड़ाती हुई अहाते में आई और फाटक के क़रीब ठहरी। कोचमैन और दरबान और सिपाही अलग हट गए। पहले नवाब साहब गाड़ी पर से उतरे उसके बाद महरियों नें चारों तरफ़ पर्दा कर लिया। जहाँ आरा और गेती आरा बदन को चुराये छम–छम करती हुईं अन्दर तशरीफ़ ले गईं। हुस्न आरा और सिपहर आरा से मिलें और सब की सब मिल कर बड़ी बेगम साहब के पास गईं।

गेती आरा – आदाब अर्ज़ है अम्मी जान।

सिपहर – अम्मी जान बन्दगी।

बड़ी – जीती रहो, मुमताज़ दूल्हा नहीं आए क्या?

गेती – आए तो हैं।

सिपहर – अस्बाब-वस्बाब उतरवाते होंगे गाड़ी पर से।

बड़ी – रूह अफ़्ज़ा की आँखें ढूँढती थीं तुम दोनों को।

जहाँ आरा – अम्मी जान पार साल हुसैन का तीजा कर के कोई दूसरे दिन मिली थीं हम से मगर हाँ उनसे मिलने को अलबत्ता कोई... कै बरस हुए होगें? (गेती आरा की तरफ़ देख)।

गेती – ऐ कोई डेढ़ बरस हुआ होगा। इतने में नवाब मुमताज़ अली ख़ान बहादुर जहान आरा बेगम के शौहर भी आए। बड़ी बेगम साहब की ख़िदमत में आदाब बजा लाए। उन्होंने दुआ दी, पास बैठाया, बातें कीं। एक फ़राख़ कमरा जो फ़र्श–ओ–फ़ुरूश से आरास्ता था उनके लिए तज्वीज़ा गया। दो घड़ी दिन रहे हुज़ूर बेगम साहब ने महरी को हुक्म दिया कि मालियों से कहो मेंहदी तोड़ कर भेजें मगर पत्ती–पत्ती अलग हो। शाम से ही आ जाए। महरी ने तामील की माली झुठपुटे वक़्त झव्वे में मेंहदी ले कर ड्योढ़ी पर हाज़िर हुआ। अब्बासी महरी बाहर आई। महरी लगन ले आई। जब लगन में मेंहदी भर चुकी तो माली ने कहा बड़ी बेगम साहब को दुआ–ए–दौलत पहुँचा दो कि हुज़ूर गंगादीन मेंहदी तोड़ लाया। अब्बासी बेगम साहब के पास लगन ले गई आदाब बजा लाई और कहा हुज़ूर मेंहदी

हाज़िर है।

बड़ी – पत्ती–पत्ती अलग है न, डण्ठल तो नहीं है।

महरी – जी नहीं हुज़ूर।

बड़ी – ख़्वासों को हुक्म दो कि अच्छी तरह देख लें कोई कीड़ा–वीड़ा न हो और धो कर पेश ख़िदमतों को दें कि वो ख़ूब बारीक सुर्मा पीस लाएँ। आज नौ बजे लड़कियों के हाथों में लगाई जाएगी। बी मुग़लानी ज़री-सोहा[1] हाथ बाँधने के लिए हमारे तोशा-ख़ाने[2] से निकाल लेना। ख़ुश रंग हो और लचका टका हो।

सब हुक्म के मुताबिक़ चलीं और अपने काम में मसरूफ़ हुईं। बड़ी बेगम साहब ने दोनों को हुक्म दिया कि इत्र के कण्टर और ख़ुशबूदार तेल ले आओ। शाम के वक़्त मुंशी निसार हुसैन साहब के कारख़ाने से इत्र के कण्टर और तेल लाए बेगम साहब की ख़िदमत में भेजे।

महरी – रौने ये कण्टर लाए हैं, पसन्द कर लीजिये।

बड़ी – जहाँ आरा पसन्द करो।

जहान आरा बेगम ने हर तरह के इत्र को सूँघ कर कहा अम्मी जान हमें तो ये पसन्द है केतकी का इत्र। कैसी नाज़ुक और भीनी ख़ुशबू है हिना का इत्र भी अच्छा है मगर बहुत तेज़ है।

बड़ी – अच्छा केतकी के इत्र का कण्टर रख लो, तुम भी पसन्द करो। गेती आरा।

गेती – हम तो मोतिया का इत्र लेंगे।

बड़ी – दोनो कण्टर रख लो बाक़ी फेर दो।

इतने में आठ बजे और नूरन ने आकर अर्ज़ किया कि हुज़ूर ख़ासा तय्यार है, हुक्म हुआ निकालो। पेश ख़िदमतें और ख़्वासें हुक्म पाते ही उठीं बावर्ची ख़ाने गईं। ख़्वानों में रकाबियाँ और क़ाबें लगानी शुरू कर दीं। एक ख़्वान में प्याले लगाए। किसी में शीरमाल और पराठे किसी में मुर्ग़ और कबाब व पुलाव वग़ैरह। किसी में अचार मुरब्बा। ख़्वानों पर खाँचे ढके। और ख़्वान-पोश ढाँप कर अर्ज़ किया हुज़ूर खाना निकाला गया। ख़्वासें सलफ़ची आफ़ताबा लाईं। हाथ धुलाया एक ख़्वास ने दस्तरख़्वान बिछाया। दूसरी ने दस्तरख़्वान के चारों तरफ़ इक्के रौशन किए। पेश ख़िदमतों ने दस्तरख़्वान पर प्याले चुनने शुरु किए। जब चुन चुकीं तो आदाब बजा लाईं और हट गईं। आब-दार ख़ाने वाली सुराही और गिलास ले कर अदब से खड़ी हुई। सब ने बिस्मिल्लाह कह कर खाना खाना शुरू किया। जहाँ आरा बेगम और उनके शौहर अलैहदा कमरे में खाना खाते थे। क़ाबों में पुलाव था किसी में को-को पुलाव, किसी में ज़ेर बिरयानी, किसी में क़न्द के चावल, कुन्दन क़लिया, मुर्ग़-पुलाव, शामी कबाब, तली अरवियाँ, ब–मुरब्बा, अचार, अचार चाशनीदार, बीज का सिरका, नौरतन चटनी अनवा–ओ–अक़्साम[3] की अग़्ज़िया लज़ीज़[4] चुनी हुई।

सिपहर – आज पुलाव में ज़रा नमक कम कर दिया है।

हुस्न – ज़रा कुन्दन क़लिया चखिए।

गेती – ज़ेर बिरयानी ख़ूब ख़ुश-ज़ायक़ा पक्की है इसमें सलोना पन है।

सिपहर – शामी कबाब।

बड़ी – पुलाव में ज़रा नमक कम है और तो सब हमें पसन्द है।

गेती – ये अचार कहाँ का है अम्मी जान।

बड़ी – बीज की सिरा का।

गेती – आज क्या जाने कितने दिन बाद अम्मी जान के साथ खाना खाया।

हुस्न – जी हाँ, जहान आरा बहन तो कभी–कभी ख़त लिखती भी थीं मगर आपने वो सून खींची कि तौबा ही भली।

अब सुनिए कि इधर तो ये तीनों बहनें बड़ी बेगम साहब के साथ खाना खाती थीं। उधर नवाब साहब और जहाँ आरा बेगम में मज़े–मज़े की बातें होती जाती थीं।

नवाब – बड़ी ख़ुश-ख़ोर[5] हैं आपकी अम्मी जान साहब।

जहान – हय हैं।

नवाब – इसमें क्या शक है?

जहान – ऐ आख़िर ये क्यों। ये काहे से कहा आपने।

नवाब – और तो ख़ैर मगर पुलाव माशाअल्लाह ख़ूब पक्का है। आब-ओ-नमक कितना दुरुस्त है।

जहान – (मुस्कुरा कर) या इलाही बन्दा बशर[6] है। ज़रा नमक

कम हो गया तो ताने देने लगे आपका बावर्ची सौ बार मर के भी ज़िन्दा हो तो ऐसा कुन्दन क़लिया न पका सके।

नवाब – (हँस कर) हम तो इस पुलाव पर आशिक़ हैं।

जहान – चलो बस बहुत बातें बनाने को रहने दो।

नवाब – ज़ेर बिरयानी ख़ुश-ज़ायक़ा है। और अचार तो ऐसा हम ने कभी नहीं खाया था ईमान की बात है।

जहान – ये दिल्ली से आया है हुसैन बख़्श के हाथ का और ये आम का अचार बीज की सिरा का है।

इधर बड़ी बेगम साहब ने हुक्म दिया कि खाना बढ़ाओ। मुग़लानियों ने ख़्वानो में क़ाब और रकाबियाँ लगा कर खाना बढ़ाया। एक पेश ख़िदमत दस्तरख़्वान उठा कर ले गई। एक ख़्वास तसला लाई। दूसरी बेसनदानी लिए खड़ी थी। पहले बेगम साहब ने गर्म पानी से हाथ धोया, इसके बाद लड़कियों ने। ख़्वास ने दस्त-पाक[7] हाज़िर किया। हाथ पोंछे। ख़्वासों ने पानदान खोला और ख़ासदान में गिलौरियाँ रखकर सामने हाज़िर किया। भिण्डी ख़ाने वाली पेचवान तय्यार कर के लाई। बेगम साहब पलंगड़ी पर लेटकर मुश्क-बू और धुआँ-धार पेचवान पीने लगीं।

इतने मे जहान आरा बेगम भी आईं और चारों बहनें अलैहदा कमरे में जाकर बातें करने लगीं।

बड़ी बेगम – मेंहदी पिस के तय्यार हुई।

मुग़लानी – हाज़िर है हुज़ूर।

बड़ी बेगम – लड़कियों को बुलाओ।

मुग़लानी – बहुत ख़ूब।

मुग़लानी ने जाकर कहा बेगम साहब याद फ़रमाती हैं।

मुग़लानियों ने दोनों बहनों के हाथों में पहले मेंहदी लगाई और हथेली पर छल्ला रखकर अरण्ड के पत्ते लपेट दिये। उन पर सोहा लपेटा और ज़रबफ़्त[8] का हिनाबन्द[9] बाँधा। फिर जहाँ आरा और गेती आरा के हाथों में मेंहदी लगाई और उसी तरह अरण्ड के पत्ते और सोहा लपेटकर अतलस[10] का हिनाबन्द बाँधा।

जहान – बी-मुग़लानी अम्मी जान के हाथों में भी लगाओ।

बड़ी बेगम – नहीं बस सिर्फ़ पोरों पर।

बी-मुग़लानी ने बेगम साहब के दसों पोरों पर मेंहदी लगाई। हुस्न आरा सिपहर आरा ने एक ही पलंगड़ी पर आराम किया। पलंगड़ी के नीचे एक मुग़लानी लेटी रही कि हिनाबन्द खुल न जाए।

बड़ी बेगम – देखो तुम देखती रहना बचपने की नींद है।

सिपहर – नहीं अम्माँ जान। मजाल है खुल जाए।

हुस्न – अच्छा तो बी-मुग़लानी को यहाँ सोने दूँ न।

गेती – हमारी पलंगड़ी भी पास ही ला के बिछा दो।

गेती आरा भी बहनों के पास ही पलंगड़ी पर लेटीं।

हुस्न – अम्माँ जान से अबकी हम लड़–लड़ के ईदी लेंगे।

गेती – और पार साल भी हम यहाँ नहीं थे।

सिपहर – आपको तो कोई तीसरा बरस है कि ईद यहाँ नहीं हुई।

गेती – हाँ तीसरा साल है।

इस तरह बातें करती–करती सो गईं।

सुब्ह के चार बजे मुग़लानी ने हुस्न आरा बेगम और सिपहर आरा को जगाया। गेती आरा भी उठीं मगर जहाँ आरा अभी ख़्वाब में हैं। ख़ैर लगन में हाथ खोले गए पेश ख़िदमतों ने मेंहदी छुड़ाई।

हुस्न – बस अब छूट गई। पानी का लोटा लाओ। गर्म पानी किया है या नहीं।

पेश ख़िदमत – जी हाँ।

सिपहर – ओफ़ोह आग की तरह गर्म है। ज़रा ठण्डा पानी मिला लो।

जब सब लड़कियाँ हाथ धो चुकीं तो बड़ी बेगम साहब ने हुक्म दिया कि इत्र के कण्टर लाओ। मुग़लानी दो शीशियों में इत्र लाई। लड़कियाँ शम्अ के सामने हाथ ले गईं। मुग़लानियों ने इत्र मला।

बड़ी बेगम – ऐ शम्अ के सामने हाथ न ले जाओ। रंग शर्मा जाता है।

हुस्न – बहुत ख़ूब (नज़ाकत से हाथ हटा कर)।

सिपहर – इस बात के तो हम भी क़ायल हैं।

गेती – ये तो है। रंग बेशक शर्मा जाता है।

हुस्न – जी हाँ क्यों नहीं।

बड़ी बेगम – हुस्न आरा काहे को मानने लगीं भला।

गेती – ये न मानें अम्मी जान इन के न मानने से क्या होता है।

एक मुग़लानी ने जाकर ख़्वास से कहा कि जहान आरा बेगम को जगा दो। बेगम साहब फ़रमाती हैं कि बेदार कर दो। जहान आरा बेगम जवानी की नींद के नशे में मतवाली हो रहीं थीं। लाख–लाख जगाया मगर अंगड़ाईयाँ ले–ले कर करवटें बदला कीं। ख़ुदा–ख़ुदा कर के पाँच बजे आँख खुली।

ख़्वास – हुज़ूर सुब्ह हो गई।

जहान – ओये सोने दो ज़रा।

ख़्वास – बेगम साहब ने भेजा है कि उठिए हाथ धोइए।

जहान – लोटा और तसला मँगाओ।

ख़्वास – सब हाज़िर है।

ख़्वास ने हिनाबन्द खोला, पत्तों को अलग किया, मेंहदी लगन में छुड़ाई, हाथ पर पानी डाला। पेश ख़िदमत ने दस्त पाक पेश किया।

जहान – हमारा सन्दूक़चा लाओ। और इत्र निकालो।

इत्र हाथों में मल कर नवाब साहब को जगाया और बोलीं।

जहान – घोड़े बेच कर सोये थे। देखो ख़ासा तड़का है।

नवाब – तड़का नहीं बल्कि धूप निकल आई है ख़ुदा झूठ न बुलाए चार तो बजे न होंगे। ज़रा हुक़्क़ा मँगवाओ।

जहान – उठ के बैठो। ईद है आज। लेटे क्या हो।

नवाब – हमारी ईद तो शब को होगी। जलसे होंगे। देखेंगे।

जहान आरा बेगम मुँह तो धो ही चुकी थीं। दुपट्टा सँभाल कर अदब के साथ बड़ी बेगम साहब की ख़िदमत में हाज़िर हुईं और आदाब बजा ला कर बैठीं।

बड़ी – मेंहदी अच्छी तरह लगाई थी रात?

जहान – जी हाँ अम्मी जान मगर छल्ला रखना भूल गई।

बड़ी – बी मुग़लानी, मुमताज़ दूल्हा को भी जगा दो।

मुग़ – हुज़ूर उठे हैं।

ईद के बेश–बहा[11] जोड़े पहले सी ही तैयार हो गए थे। अमीर का घर। किसी चीज़ की कमी नहीं। लाखों रुपए का अस्बाब, ज़ेवर, जवाहरात, कपड़ा, पोशाकें सब ही कुछ था। मुग़लानियों और ख़्वासों और नौकरों–चाकरों के लिए भी उनकी हैसियत के मुआफ़िक़ जोड़े बने थे। बी मुग़लानी की लड़की प्यारी की आँख जो खुली तो लिहाफ़ के अन्दर से ही पुकारा कि हुज़ूर हमारा जोड़ा अब निकलवा दीजिए तो हम पहन लें।

मुगलानी – ऐं! ऐ वाह है। अभी लिहाफ़ ही के अन्दर पड़ी है और जोड़े की फ़र्माइशें होने लगीं। उठो बेटा। बड़ी हुज़ूर को आदाब बाजा लाओ। और सब को बन्दगी करो। नहाओ, मुँह–

हाथ धोओ तो पहनो। ये घबराहट! कुछ ठिकाना है।

सिपहर – प्यारी के लिए कुछ बना ही नहीं अबकी।

प्यारी – वाह हम से बड़ी बेगम साहब ने फ़र्मा दिया है कि आप हम को झुटलाती हैं हमें सब मालूम है।

गेती – (आहिस्ता से) पहले मियाँ तो कोई तज्वीज़ो फिर जोड़ा फड़काना।

प्यारी – हुज़ूर बहुतेरे हो जाएँगे।

इस भोलेपन के साथ प्यारी ने ये फ़िक़रा कहा कि चारों बहनें खिलखिला कर हँस पड़ीं। बड़ी बेगम साहब ने पूछा क्या हँसीं। सिपहर आरा बोलीं कुछ नहीं अम्मा जान इस प्यारी की बातों पर हँसी आई। हज़ार दास्तान की तरह चहकती है।

हुस्न – अब उठती है लिहाफ़ से कि नहीं।

प्यारी – हुज़ूर हमें तो सर्दी मालूम होती है।

सिपहर – हाँ! अच्छा तो ठण्डा–ठण्डा पानी डालें। तब उठेगी।

प्यारी – ऐ–हय नहीं बीवी। लो मैं उठ बैठी। अब जोड़ा लाइए।

सिपहर – अच्छा गाओ तो जोड़ा दें।

प्यारी – पहले लाइए या मक़बूला कीजिए।

सिपहर – बड़ी एक है।

मुग़लानी – ऐ तो घबराहट ऐसी क्या है बेटी। हुज़ूर हुक्म देती

हैं तो गाओ। गाती क्यों नहीं!

जहान – मुगरी होती जाती है दिन–ब–दिन।

प्यारी – आज ईद की सुब्ह है आज कुछ न कहिए।

इस फ़िक़रे पर भी एक फ़रमाइशी क़हक़हा पड़ा मगर बड़ी बेगम साहब को ख़बर ही नहीं कि क्या बातें हो रहीं हैं। वो इसी फेर में थीं कि आज किस–किस क़िस्म का पुलाव पक्के। कबाब कै तरह के हों। तुन्की[12] किस से पकवाएँ। लड़कियों को ईदी क्या दें। मुमताज़ दूल्हा बरसों के बाद आए हैं और ईद पड़ी है। कभी यहाँ थे नहीं। इनको ईदी कितनी अशर्फ़ियाँ दें। नौकरों और रद्दनों और मालियों और चाकरों और असीलों[13], मुग़लानियों, पेश ख़िदमतों, ख़्वासों, महरियों को क्या दिया जाए। अल-ग़रज़ क़िस्म–क़िस्म के ख़यालात उनके दिल में आ रहे थे।

लड़कियों को इस से कोई वास्ता न था कि किस को क्या दें। सुब्ह ईद की ख़ुशी थी। जहान आरा और गेती आरा, हुस्न आरा, सिपहर आरा बरसों के बाद मिली थीं। और ख़ुश थीं कि सब हँस–मिल कर ख़ुश रोज़ा करेंगे।

हुस्न – अब ज़रा और दिन चढ़े तो महताबी पर चल कर दरिया की सैर देखेंगे। चलोगी बहन?

जहान – ज़रूर। हज़ार काम छोड़ के।

गेती – मगर बे–पर्दगी तो न होगी। मुमताज़ दूल्हा को इसकी बड़ी चिढ़ है। रेल पर लाए तो इस तरह की बस अल्लाह जानता है। दम घुट–घुट जाता था और मजाल क्या कि बच्चा

तक बोल सके।

जहान – मुझे तो वहाँ पर ग़ुस्सा आया जहाँ रेल ठहरी थी। दो चौकियों के बाद कहती हूँ कि प्यास लगी है सुराही में पानी नहीं है। कहते है यहाँ न बोलो। एक मुलाक़ाती खड़ा है। आगे चल के पानी मिल जाएगा।

गेती – हाँ वहाँ दोनों मे ख़ूब हुई।

हुस्न – अब देखिए हम भी एक दिन लड़वा देंगे।

जहान – शाबाश। छोटी बहनें ऐसा ही करती हैं।

हुस्न – हाँ ख़ूब याद आया। ये तो कहना भूल ही गए थे। जब बहार–उन–निसा बहन यहाँ आईं तो ख़ुर्शीद दूल्हा भी आए थे। यहाँ कोई महीना भर रहे तो पहले दिन बड़ी दिल्लगी हुई। मगर कहीं किसी से ज़िक्र मत करना। उफ़्फ़ चाहिए तो नहीं था हम को रूह अफ़्ज़ा बहन ने मजबूर किया। हम चुपके–चुपके बहार–उन–निसा बहन और दूल्हा भाई की बातें सुनने लगे। उस वक़्त दोनों आहिस्ता–आहिस्ता बातें कर रहे थे। दरवाज़े सब बन्द थे। मगर आवाज़ आती थी।

जहान – अच्छा! ये कहो। अब हमारे भी कान हुए।

सिपहर – नहीं बाजी अब रोज़–रोज़ क्या। एक दफ़ा कहीं बचपने की हरकत हो गई।

बेगम साहब सफ़ाई और फ़र्श–ओ–फ़ुरूश और तुनकी पुलाव और ईनाम और जोड़ों की फ़िक्र में थीं। हुक्म था कि आज कोई तेल मुर्दे या जनाज़े या ताबूत का लफ़्ज़ ज़बान पर न लाए। कोई छींकने न पाए। बात करते ज़बान और छींकते

नाक कटती है। ख़ुदा ख़ैर करे। मुग़लनियाँ और पेश ख़िदमतें अदब के साथ हुक्म की तामील में मसरूफ़ थीं। ख़्वासें भी डर रहीं थीं कि कहीं नाक से छींक या ज़बान से कोई कलमा-ए-बद न निकल जाए तो बड़ी बेगम साहब बद-दिमाग़ हो जाएँ।

बड़ी – कल शाम को जो बातें हम ने सिखाई थीं याद हैं।

मुग़लनियाँ – हाँ हुज़ूर।

ख़्वासें – क्या मजाल जो इन बातों के ख़िलाफ़ करें।

पेश ख़िदमतें – सब याद हैं हुज़ूर।

अब्बासी महरी – हुज़ूर बरसों से हैं इस सरकार में क्या इतना भी नहीं जानते।

हुस्न – अम्माँ जान बयाबानी की डोमनियों को बुलाया है।

बड़ी – डोमनियाँ हाज़िर होंगी फ़ौरन। आज उन्हीं की तो ईद है। ईनाम लेने न आएँगी क्या। अब ज़रा धूप निकले तो नहाओ, हम्माम करो, कपड़े पहनो। डोमनियाँ–डोमनियाँ सब आप ही हाज़िर होंगी।

इतने में रद्दन ने अब्बासी महरी को पुकारा और वो चमकती हुई बाहर गई।

रद्दन – वो कण्टर जो हम कल लाए थे उनमें से जो पसन्द हो वो रख लो। और जो पसन्द न हो वो वापस कर दो।

महरी – हम लाए थे! मैं लाया था नहीं कहता। आज ईद न होती तो निकलवा देती खड़े–खड़े।

बड़ी बेगम साहब के हाँ छह महीने इधर कुल मुग़लनियाँ

और महरियाँ और ख़्वासें बूढ़ी औरतें थीं मगर ये अब्बासी महरी जो कोई एक महीने से नौकर हुई थी। हुस्न आरा बेगम और सिपहर आरा दोनों इसके साथ इनायत से पेश आती थीं। गो अब्बासी नौकर थीं। अब्बासी ने जो रद्दन को ललकारा तो वो ख़ामोश हो रहा। इतने में नवाब साहब बातें करने लगे।

नवाब – क्या है बी-महरी साहब।

अब्बासी – ऐ हुज़ूर है क्या। ये टके का आदमी और हम से जब बात करता है तो अपने आप को हम कहता है। मुआ गँवार।

नवाब – अच्छा जाने दो। अब तुम अपनी तरफ़ देखो।

अब्बासी – ऐ हुज़ूर मैं कुछ कहती थोड़े ही हूँ। मगर ये बद-तमीज़ आदमी है। महलात की ड्योढ़ी पर आज से न आने पाए। जो बेगम साहब से या साहब-ज़ादियों से जा के कह दूँ। मुआ हौला-ख़ब्ता।

रद्दन – हुज़ूर ये तो अन्दर की जाने वाली है। जो चाहे वहाँ जा के कह दे मगर मैं सच कहता हूँ कि फ़क़त इत्र के कण्टर माँगे थे। बस हज़ारों सलवातें सुनाईं।

नवाब – अच्छा चुप रहो बदतमीज़। कण्टर आ जाएँगे।

इतने में अब्बासी अन्दर चली गई।

बड़ी बेगम साहब ने महल-दार से कहा कि चौबदार को बाग़ भेजो और कहो देख आए हम्माम तैयार है। कहो दौड़ जाए। चौबदार फ़ौरन रवाना हुआ और आन कर महरी को पुकारा। अब्बासी बाहर आई। चौबदार ने कहा कह दो हम्माम

तय्यार है।

बड़ी बेगम ने जहान आरा से कहा मुमताज़ दूल्हा से कह दो कि पहले वो हम्माम कर आएँ फिर सवारियाँ जाएँगी। जहान आरा नवाब साहब के पास गईं।

जहान – (अन्दर बुलवा कर) अम्मी जान कहती हैं तुम जा के हम्माम कर आओ तो फिर हम सब जाएँगे।

जहान – ऐ वाह। अच्छी सर्दी है। जाओ हमारे सर की क़सम अम्मी जान की ख़ुशी करो।

नवाब साहब दोशाला ओढ़कर उठे। सास की ख़िदमत में आदाब अर्ज़ किया।

बड़ी बेगम – जीते रहो। जाओ पहले तुम हम्माम कर आओ। तो फिर सवारियाँ जाएँ। हम औरतों के नहाने में बड़ा बखेड़ा होता है।

इधर महल-दार ने ड्योढ़ी पर हुक्म दिया कि मुमताज़ दूल्हा बरामद होते हैं। चौबदार और ख़िदमत-गार तय्यार रहें। और बग्घी भी तैयार हो रहे। हम्माम-ख़ाने जाएँगे। सब ने तामील–ए–हुक्म की।

इतने में नवाब साहब बरामद हुए और सवार हो कर चले। हरकारा पहले ही से दौड़ गया था। हम्मामी से कहा नवाब साहब आते हैं तय्यार रहो। जब सवारी दाख़िल हुई तो हम्मामी आदाब बजा लाए। चौबदार ने पर्दा उठाया हम्माम का दरवाज़ा खोला। तशरीफ़ ले गए। कपड़े उतारे लुंगी बाँधी। हम्मामी ने भी कपड़े उतारे और खड़ाऊँ सामने रखी। एक

हम्मामी ने खेसा उठाया। दूसरे ने दरवाज़ा खोला। हम्माम के अन्दर दाख़िल होकर हौज़ पर आए। और नहाकर घर गए।

महल-दार – (बड़ी बेगम से) हुज़ूर तशरीफ़ ले आए।

बेगम – हुक्म दो कि फ़िनसें[15] निकाली जाएँ। सवारियाँ जाएँगी महरियाँ तय्यार हों।

फ़िनसें निकाली गईं। क़नात[16] घिर गई। चार फ़िनसों पर चारों सवार हुईं। महरियाँ फ़िनस का क़दम बढ़ाए साथ–साथ जाती थीं सिपाही और चौबदार भी हमराह थे। बड़े ठस्से से सवारियाँ हम्माम में दाख़िल हुईं। हम्मामी फ़िनस के क़रीब आन कर आदाब बजा लाए। अल-ग़रज़ हम्माम करके अपने दौलत-ख़ाने पर तशरीफ़ लाईं। यहाँ बड़ी बेगम साहब ने महल-दार से कहा जाओ चौबदार को हुक्म दो कि अमीरन चूड़ी वाली को बुला लाए। चूड़ी वाली आई। पहले हुस्न आरा और सिपहर आरा को चूड़ियाँ पहनाईं। उसके बाद बड़ी बेगम साहब ने जहान आरा और गेती आरा से कहा ज़रा आगे बढ़ बैठो। चूड़ी वाली ने उनके हाथ की चूड़ियाँ अलग कीं। जहाँ आरा बेगम ने एक सलमे का जोड़ा पसन्द किया जिसके बन्दों पर मोती जड़े हुए थे और सब्ज़ बाँक थी। चूड़ी वाली ने जोड़ा लगाया।

इत्तेफ़ाक़ से जहाँ आरा के सर से दुपट्टा खिसक गया था। बड़ी बेगम साहब ज़ईफ़–उल्–एतिक़ाद[17] तो थीं ही किसी क़दर तुर्श हो कर कहा। बेटा सर पर दुपट्टा डाल लो नंगे सर न पहनो। जब चूड़ियाँ पहन चुकीं तो दोनों ने चूड़ी वाली को सलाम किया। उसने दुआ दी कि वारिस ज़िन्दा रहे। कोख

माँग से ठण्डी रहो।

जहान – (उठ कर) अम्माँ जान बन्दगी।

गेती – अम्माँ जान तस्लीमात अर्ज़ है।

बड़ी – फलो–फूलो पोता खिलाओ।

बड़ी बेगम ने हुक्म दिया कि दीवान-ख़ाने में दुम्बे और मेण्ढे और बकरे ज़ब्ह कराओ। फिर क्या था उन बे-ज़बानों पर छुरी तेज़ होने लगी।

अब्बासी – देखते रहना ये लोग बोटियाँ न उड़ा दें।

चौबदार – बहुत ख़ूब।

अब्बासी – कहीं भीड़–वीड़ तो नहीं है कोई।

चौबदार – क्या मजाल। हलाल करके धर दूँ बूचड़ को।

अब्बासी – काम तो ये लोग ऐसा ही करते हैं।

बूचड़ – हाँ मगर खाने के वक़्त भी याद रहता है?

चौबदार – इस वक़्त मज़े से हत्ते लगाते हैं।

बूचड़ – और क्या।

लगनों और कठरों में पारचे अलग किए गए। इधर बड़ी बेगम साहब ने दूसरा एहतिमाम शुरू किया।

बड़ी – मुग़लानी जहान आरा और गेती आरा की चोटी गूँधो। पेश ख़िदमत ने आईना सामने रखा। ख़्वास ने चम्बेली का तेल सर में डाला। कंघी से बाल साफ़ किए चोटी गूँधी दोनों बहनों

की चोटी गुँध गई।

बड़ी – पोशाक बदलो।

जहान आरा और गेती आरा ने लिबास पहना। सब्ज़ गरंट का पायजामा। उस पर कार चोबी आड़ी बेल का काम मोतियों की बनत टकी हुई सुनहरी किरन लगी हुई। लौज़ात की गोट दुपट्टा जामदानी का उस पर काम काम-दानी का।

दूसरी का दुपट्टा मलमल का प्याज़ी रंगा हुआ हल्का। उत्तू[18] की हुई ऊदी गोट शलोका फँसा हुआ। आस्तीनों दार कामदानी का ख़ुश-रंग गुलनार। एक की जामादार की रज़ाई। दूसरी की फ़ौक़–उल्–भड़क दिलाई। मोतियों का छपका सर पर माथे पर जड़ाव चाँदी टेकी। चोटी पर सीस फूल कानों में पत्ते झुमके अन्तियाँ। बिजलियाँ किरन फूल गले में धुकधुकी चम्पा कली मोतियों का हार। डण्ड पर नौरतन जोशन हाथ में हीरे के कड़े मोतियों की लच्छियाँ चूहे दत्तियाँ पाँव में छड़े कड़े छागल।

बड़ी – (ख़्वास से) पोशाक बदली।

ख़्वास – हाँ हुज़ूर।

बड़ी – ज़ेवर पहना दिया गया।

ख़्वास – हाँ हुज़ूर।

बड़ी – हुस्न आरा और सिपहर आरा भी पहन चुकीं।

ख़्वास – अब पहनती हैं हुज़ूर।

बड़ी – जहान आरा अपने मियाँ से कहो ईदगाह जाएँ और

नमाज़ दोगाना पढ़ आएँ। अब वक़्त तंग रह गया है।

जहान आरा उठीं और छम–छम करती हुई चलीं।

नवाब साहब मुस्कुराए।

जहान – अम्मी जान कहती हैं कि ईदगाह हो आओ।

नवाब साहब ने कपड़े पहने दोशाला ओढ़ा और बड़ी बेगम साहब के पास गए।

नवाब – आदाब अर्ज़ है।

बड़ी – अल्लाह ज़िन्दगी दे।

नवाब – (नज़र दिखा कर) क़ुबूल कीजिए।

बड़ी बेगम साहब ने मुमताज़ दूल्हा को छाती से लगाया बलाएँ लें दुआ दी। जवानी का सिक्का देखो। ख़ुश रहो इसके बाद ख़ास-दान में दस अशर्फ़ियाँ रख कर ख़ास-दान सामने बढ़ाया।

बड़ी – लो ईदगाह का ख़र्च है।

नवाब साहब ने आदाब अर्ज़ कर के अशर्फ़ियाँ उठा लीं। जब चलने लगे तो सालियों ने कहा हमारे वास्ते क्या लाओगे दूल्हा भाई।

नवाब – जो कहो।

हुस्न – जो आपका जी चाहे।

सिपहर – जो शय आपको पसन्द हो।

नवाब – नहीं जो कहो।

हुस्न – आप ही की राय पर छोड़ा।

बड़ी – ऐ तो किस सवारी पर जाओगे बेटा।

नवाब – जी बग्घी पर।

बड़ी – नहीं नहीं भीड़–भड़के में कहीं घोड़े न भड़कें। हवा-दार निकलवाओ। या फ़िनस पर जाओ नहीं मुझे ख़फ़क़ान[19] रहेगा।

नवाब – हवा-दार[20] पर तो आजतक कभी सवार ही नहीं हुआ।

हुस्न – ऐ तो आज हवा-दार पर सवार हो जाइए।

नवाब – अच्छा अब तो बाहर जाता हूँ फिर समझा जाएगा।

चौबदार ने कहा बिस्मिल्लाह हज़रत फ़िटन पर सवार होकर ईदगाह गए। उधर बड़ी बेगम साहब ने दरयाफ़्त किया कि हुस्न आरा और सिपहर आरा ने पोशाक बदली। मुग़लानी ने कहा हुज़ूर पहन रही हैं।

इनकी पोशाक का हाल सुनिए। दोनों बहनों के लिए एक ही क़िस्म का जोड़ा बना था सुनहरा अतलस का पायजामा छड़ियाँ टकी हुईं। गोट के ऊपर थल। करेब[21] का बहारदार दुपट्टा बाँकड़ी टाकी हुई। कानों में किरन फूल और बिजलियाँ गले में आड़ी हेकल। जुगनू। धुकधुकी। हाथों में हीरे के कड़े और जड़ाव कंगन। बाज़ुओं पर नौरत्न। पाँव में पाज़ेब और छड़े।

हुस्न आरा और सिपहर आरा की पोशाक और ज़ेवर में फ़र्क़ सिर्फ़ इस क़दर था कि हुस्न आरा करेब का दुपट्टा ओढ़े थीं और सिपहर आरा का कामदानी का गुलाबी था। गेती आरा

का दुपट्टा आबी था।

जहान आरा – बी मुग़लानी ज़रा सुनना। यहाँ आओ (कान में) किस सवारी पर गए हैं। हवा-दार पर तो नहीं गए होंगे।

मुग़लानी – भला हवा-दार पर क्या जाते। दो–एक साहब और आ गए थे सब के सब गाड़ी पर सवार होकर गए हैं। इस में ख़ौफ़ ही क्या है मगर बड़ी हुज़ूर से कौन कहे ले अब।

हुस्न आरा – हम तो पहले ही समझे थे कि घोड़े पर या बग्घी पर जाएँगे। अब पालकी या हवा-दार पर कौन सवार होता है। है किस रईस के यहाँ।

इतने में बड़ी बेगम ने पूछा ऐ मुग़लानी मुमताज़ दूल्हा किस सवारी पर ईदगाह गए। मुग़लानी हुज़ूर कुछ मालूम नहीं दरयाफ़्त कर लूँ।

बड़ी – ज़रा बाहर पूछो तो।

मुग़लानी बहुत ख़ूब हुज़ूर कह कर बाहर गई। ड्योढ़ी में खड़ी रही। पूछे किस से जानती तो थी कि फ़िटन पर गए हैं। थोड़ी देर के बाद यूँ अर्ज़ किया।

मुग़लानी – हुज़ूर हवा-दार भी निकलवाया था और गाड़ी भी। मगर सवार नहीं हुए थे दो–चार नवाब-ज़ादो से बातें करते हुए अहाते के बाहर आहिस्ता–आहिस्ता जाते थे।

बड़ी – तो शायद हवा-दार ही पर गए हैं।

गेती – हाँ अम्मी जान हवा-दार ही पर गए होंगे (हँस कर) आप इतना घबराती क्यों हैं अम्मी जान। गाड़ी बग्घी घोड़े पर रोज़ सब ही जाया करते हैं। क्या आज ही अनोखी ईद हुई है।

हवा-दार पर भला क्या जाते।

बड़ी – जब हमारे बराबर होगी तब मालूम होगा हाल।

सिपहर – अभी हमने कोठे पर से देखा पचासों बग्घियाँ और घोड़े और हाथी जाते थे।

गेती – इधर क्यों आते हैं लोग शहर को छोड़ कर इस तरफ़ क्या करने आते हैं।

हुस्न – ईदगाह इस तरफ़ तो है ही।

सिपहर – अम्माँ जान डोमनियाँ कब आएँगी।

बड़ी – आती होंगी घबराती क्यों हो।

गेती – ईद की सुब्ह को भी क्या समाँ होता है।

हुस्न – हमारी तो ईद कल ही थी कि आप आईं।

जहान – चलो ऊपर चलें।

हुस्न – ज़रा ठहर जाओ अभी चलते हैं।

सिपहर – ऊपर वाले कमरे में चलकर बैठिए।

चारों बहनें कमरे में गईं।

* * *

---

1. चमकदार बारीक ओढ़नी 2. वह कमरा जहाँ कपड़े और ज़ेवरात रखे जाएँ 3. भिन्न-भिन्न प्रकार 4. मज़ेदार खाने 5. अधिक खाने वाला 6. इंसान 7. कपड़ा जो हाथ पोंछने के काम आए 8. रेशमी कपड़ा 9. मेंहदी की पुड़िया 10. बहुमूल्य रेशमी कपड़ा 11. क़ीमती 12. एक तरह की पतली रोटी जो मैदा में घी मिला कर तन्दूर में पकाते हैं 13. शरीफ़ 14. कम अक़्ल 15. डोली 16. मोटा पर्दा 17. भ्रमवादी 18. कढ़ाई 19. घबराहट 20. खुली पालकी 20. एक अंग्रेज़ी रेशमी कपड़े का नाम

ईद का दिन और चहल–पहल

नवाब साहब ईदगाह में तशरीफ़ ले गए। देखा कि साक़िनीन ठस्से के साथ बैठी हैं। तख़्तों पर सफ़ेद–सफ़ेद चाँदनियाँ बिछी हैं। सामने पान-दान रखा है। बरंजी हुक़्क़े लगे हुए हैं। दाएँ–बाएँ एक–एक लगन, नीचे आग रौशन। चिलमें भरने के लिए दो आदमी हाज़िर हैं। यारों का झुरमुट है। पालों और झोलदारियों में घुस–घुस के दम लगाते हैं। आसमान तक लौ पहुँचाते हैं। किसी की झोलदारी में दायरा बन रहा है, कहीं साक़िन के सामने नटनी ढोलकी पर गाती है और चमक–दमक से तमाशाइयों को लुभाती है। साथी चकारा बजाते हैं, बे-फ़िक्रे फब्तियाँ सुनाते हैं। हलवाइयों की दुकान पर धूम है, अफ़ीमियों और चटोरों का हुजूम है। खिलौने वाले भोले–भाले, खिलौने रखे, दुकान जमाए दोनों हाथों से लूटते हैं। नन्हे–नन्हे बच्चे मचल रहे हैं कि हम तो मिट्टी का बबुवा लेंगे दो पैसे देंगे। ईदगाह के फाटक पर पहुँचे तो हवा-दार और गाड़ी और फ़िटन और घोड़ों का ताँता लगा हुआ। हौज़

पर बैठे। मुँह–हाथ धोया, दस्त-पाक से हाथ पोंछा, इतने में आवाज़ आई (अस्सलातो! अस्सलातो!) नमाज़ी झुक पड़े, सफ़ें बँधीं, पेश–ए–नमाज़ आगे खड़े हुए। नवाब साहब भी एक सफ़ में दाख़िल हो गए। नमाज़ पढ़कर अहबाब से बग़ल-गीर हुए।

नवाब — भाई निसार अली साहब हैं। आज शब को ज़रूर आइएगा।

निसार अली — बहुत ख़ूब। जलसा–वलसा दिखाइएगा।

नवाब — ज़रूर–ज़रूर।

सुब्हान अली ख़ान — हज़रत अब इस शहर में कोई इस क़ाबिल ही नहीं कि गाना सुने और दो–एक हैं भी तो सूरत–ए–हराम।

नवाब — ख़ैर दो घड़ी का लुत्फ़ ही सही। आप भी ज़रूर आइएगा।

सुब्हान अली ख़ान — इंशाअल्लाह।

नवाब — इंशाअल्लाह नहीं। कहिये ज़रूर आऊँगा।

निसार अली — अजी हम लेते आएँगे। इनको और मुहल्ले भर को।

चौबदारों को नवाब साहब ने हुक्म दिया कि पपड़ी और जौज़ी ख़रीद लो। खिलौने वालों से खिलौने लो और रंगसाज़ों में काठ की फ़िनसें और गुड़ियों की पलंग और रंगे हुए सन्दूक़ और कश्तियाँ ले आओ। ख़ादिमों ने कुल सौदा ख़रीद

कर दूसरी बग्घी में रख दिया और हुज़ूर नवाब साहब रवाना हुए। चुटकियों में घर पहुँचे बाहर कमरे में बैठे। रूफ़क़ा ने नज़र दिखाई इस के बाद अन्दर तशरीफ़ ले गए। महल-दार ने पर्दा उठाया। ख़िदमत-गारों और चौबदारों ने बिस्मिल्लाह-अर्रहमानिर्रहीम कहा।

बड़ी बेगम — आ गए। कहो ईदगाह में कुछ मजमा–वजमा था।

नवाब — जी हाँ। कुछ था तो। मगर आगे का सा भीड़–भड़क्का कहाँ।

बड़ी बेगम — मेला अच्छा था।

नवाब — जी हाँ। साक़िनों की दुकानें कसरत से थीं।

बड़ी — नमाज़ से पहले तो पहुँच गए होगे।

नवाब — आध घण्टे की देर थी।

हुस्न आरा — दूल्हा भाई हमारी ईदी लाइए।

सिपहर आरा — अम्माँ जान ने पाँच–पाँच अशर्फ़ियाँ दी हैं।

नवाब साहब ने जेब में हाथ डाल कर अशर्फ़ियाँ निकालीं और दो–दो अशर्फ़ियाँ दोनों छोटी सालियों को दीं। बेगम साहब को आदाब अर्ज़ करके कमरे की तरफ़ चले। कमरे में पलंग पर लेटे। पान खाया। जहाँ आरा बेगम भी उठकर गईं और उनके पीछे–पीछे गेती आरा।

गेती आरा — दूल्हा भाई हमारी ईदी।

नवाब — शाम को देंगे।

गेती आरा — वाह अच्छी हँसी–हँसी में ईदी उड़ा दी। लाइए–लाइए।

नवाब — (मुस्कुरा कर) कह तो दिया।

गेती आरा — अल्लाह जानता है हम आपका बड़ा लिहाज़ करते हैं। और आप हम से हँसते हैं।

जहाँ आरा — ऐ हाँ वो लिहाज़ करती है और तुम हँसते हो फिर वो भी कुछ कहे तो शिकायत न करना हम से।

नवाब —मैं हँसा तो क्या।

गेती आरा — (मुस्कुरा कर) ऐ लो कुछ हँसे ही नहीं।

इतने में रकाब-दार ने महल-दार को पुकारा।

महल-दार — कहो क्या काम है।

रकाब-दार — ये डाली पहुँचा दो।

दो क़ाबों में नानख़ताई, एक क़ाब में जौज़ी, किसी में निहायत ख़स्ता पेड़े, सेर भर महंक में आठ सेर घी खपाया हुआ, अचारी में पेठे की सुर्ख़–सुर्ख़ मछलियाँ। मालूम हुआ था कि सचमुच मछलियाँ तैर रही हैं। क़वाम आबदार और बर्फ़ सा सफ़ेद पर अचारी पर सुर्ख़ अतलस और कला-बत्तून[1] की डोरी बँधी हुई। इधर–उधर मुक़य्यस[2] के फुन्दने लटकते हुए। बेगम साहब के सामने डाली लगाई गई। इसके बाद रहीम बख़्श बावर्ची आया। एक क़ाब में शामी कबाब, एक में पराठे बलदार, मुग़ली ख़स्ता, किसी में पसन्दे कबाब, किसी में क़ोफ़्ते कबाब, सुर्ख़ उम्दा बाक़र ख़ानी, एक क़ाब

में हवाई रोटी, एक में नान पशीज़। कोरी–काग़ज़ी हण्डियाँ, शकर-क़न्द की गुलत्थी बराबर की बालाई दी हुई, केवड़ा पड़ा। ये डाली भी बेगम साहब के सामने पेश हुई। उस के बाद ख़ौशल्या कुबड़न आई, उसकी बेटी शहज़ादियाँ भी उस के साथ थी। गुलबदन का लहँगा भड़कता हुआ, गुलशन लौट का दुपट्टा, अवदी गोट, लहँगे के सामने एक बटुआ लटक रहा है। दोनों ने आदाब अर्ज़ पेश करके डालियाँ पेश कीं। डाली में केले के हरे बड़े–बड़े पत्ते बिछे हुए। रंगतरे, कोले, अमरूद, केले, गण्डेरियाँ, चकोतरे, महताबी कुल फ़वाक़े[3] क़रीने के साथ रखे हुए थे। महबूबन कसगरन, एक ख़्वान में काग़ज़ी आबख़ोरे, सुराहियाँ, तोतहय्याँ, झाँझरियाँ, मिट्टी के कबूतर, तोते व मोर लगाकर लाई और डाली पेश की। बड़ी बेगम साहब ने कहा मुमताज़ दूल्हा के सामने ले जाओ। कहो जो शय पसन्द हो रख लें। पेश-ख़िदमतें और मुग़लानियाँ अदब के साथ ले गईं।

नवाब — ओफ़्फ़ोह! ये सब काहे को उठा लाईं।

पेश ख़िदमत — हुज़ूर हुक्म दिया है बेगम साहब ने।

नवाब — तो इस क़दर क़ाबें और ख़्वान क्यों उठा लाईं। अच्छा ख़ैर। जौज़ी और ये अचारी सुर्ख़ मछलियों की और ये शामी कबाब यहाँ रख दो। बाक़ी सब उठा ले जाओ।

पेश ख़िदमत — हुज़ूर ये चकोतरे रख लीजिए।

नवाब — अच्छा रख दो।

पेश ख़िदमत — इसमें से कुछ पसन्द फ़रमाइएगा। महबूबन

जो लाई है।

नवाब — अच्छा लाओ सुराहियाँ रखती जाओ।

फिर उठा कर बेगम साहब के पास ले गईं। लड़कियों ने अपनी–अपनी पसन्द के मुआफ़िक़ चीज़ें चुन लीं। मुग़लानी की लड़की प्यारी को खिलौने दिए।

बेगम साहब ने सन्दूक़चा खोला और ईनाम तक़्सीम किया। बावर्ची को एक अशर्फ़ी, रकाब-दार को दो अशर्फ़ियाँ, महबूबन को दस रुपया, कुबड़न को दस रुपया।

बड़ी बेगम — (महल-दार से) रद्दन को हुक्म दो कि बयाबानी की डोमनियों को ताक़ीद कर आए कि पाँच बजे यहाँ हाज़िर हो जाएँ।

महल-दार — बहुत ख़ूब।

महल-दार ने रद्दन को हुक्म सुनाया।

रद्दन — वहाँ तो कई घर हैं। बयाबानी के तकिए पर तो कई डोमनियाँ रहती हैं। पूछ आओ किस के हाँ जाएँगे।

महल-दार — (तुनक कर) तू तो हन्दी की चन्दी निकालता है।

रद्दन — वाह! बे समझे–बूझे क्योंकर जाऊँ।

महल-दार — (बेगम साहब से) ऐ हुज़ूर रद्दन पूछता है बयाबानी के तकिए पर किस डोमनी के पास जाऊँ।

बड़ी बेगम — सब घर हो आएँ।

हुस्न आरा — कल तो आदमी कह आया था।

बड़ी बेगम — हाँ बस इसी को भेज दो।

सिपहर आरा — अम्माँ जान सब तो न आ सकेंगी।

हुस्न आरा — हाँ और जगह से भी बुलावा आया होगा।

बड़ी बेगम — देखो मुमताज़ दूल्हा से जाकर कह दो कि अगर जलसा देखें तो चौबदार को हुक्म दे दें। अभी से बन्दोबस्त हो जाए।

महल-दार — (नवाब साहब से) हुज़ूर बेगम साहब फ़रमाती हैं कि जो जलसा देखिए तो चौबदार को अभी से भेज दीजिए।

इतने में अब्बासी महरी भी आई।

नवाब — ख़ुदा जाने आजकल यहाँ कौन–कौन है। तुम्हें मालूम है बी-अब्बासी।

अब्बासी — हुज़ूर फ़ुजिया डोमनी को बुलवाइए।

नवाब — ऐं! माक़ूल। फ़ुजिया डोमनी की एक ही कही।

(महल-दार से) जाके कह दो कि हम सब बन्दोबस्त किए लेते हैं।

नवाब साहब ने हुक्म दिया चौबदार फ़ुलाँ–फ़ुलाँ ज़नाने और एक मर्दाने ताइफ़े को खिचड़ी दे आए और हमें इत्तिला दे। महल-दार ने बेगम साहब से जाकर कहा। बेगम साहब ने कहा तीन ज़नाने ताइफ़े हों और एक मर्दाना। सन्दूक़चा खोल कर चार रुपए महल-दार को दिए और कहा चौबदार को हुक्म दो कि फ़ौरन जाए और खिचड़ी दे आए। वक़्त मुमताज़

दूल्हा से दरयाफ़्त कर लो।

महल-दार — हुज़ूर ताइफ़े कब आ जाएँ।

नवाब — यही कोई नौ बजे तक।

अब्बासी — तो आठ बजे बुलवाइए। साज़िन्दे आएँगे पहले नशे जमाएँगे। बे चाँडू पिए हुए आ चुके। इस मुए चाँडू ने शहर को और भी ग़ारत कर दिया।

नवाब — तुम्हारे मियाँ तो नहीं पीते।

अब्बासी — (तुनक कर) ओई अल्लाह न करे।

महल-दार ने चौबदार को चार रुपए दिए और हुक्म सुनाया। कहा अभी–अभी जाओ और जल्द आओ। ताक़ीद कर दी है।

चौबदार — अभी लो।

चौबदार रवाना हुआ। उधर बेगम साहब ने महल-दार को हुक्म दिया कि मुमताज़ दूल्हा से पूछो आपके यारों–दोस्तों के वास्ते क्या पके। फ़ौरन दारोग़ा को हुक्म दो कि बाहर ही पकवाएँ। महल-दार ने दरयाफ़्त किया तो नवाब साहब ने ये फ़रमाइश की। पुलाव, शीर-माल, बाकर-ख़ानी, तली हुई अरवियाँ, तले हुए आलू, क़ोरमा, दो क़िस्म के कबाब, फ़ीरनी, ज़र्दा। बस यही सब पकवाओ। कोई चालीस आदमी होंगे। महल-दार ने दारोग़ा साहब से कहा कि बेगम साहब ने हुक्म दिया है। आठ बजे खाना तय्यार मिले। दारोग़ा ने कहा ये कौन बड़ी बात है।

इतने में हुस्न आरा की ख़ाला-ज़ाद बहनें आईं। पर्दा कराया गया, फ़िनसों पर से उतरीं। सब बहनों से बग़ल-गीर हुईं।

नज़ीर बेगम — जहाँ आरा कब आईं।

हुस्न आरा — कल कहला नहीं भेजा था।

नज़ीर बेगम — हम से तो महरी ने नहीं कहा।

सिपहर आरा — अब्बासी तुमने उनके यहाँ जाके ये नहीं कहा कि जहाँ आरा बेगम और गेती आरा बेगम आई हैं। वाह वा वाह। पूरी बात तो सुन लिया करो।

ज़ेब-उन्-निसा — और हम ने पूछा भी मगर ये अम्माँ जान से बातें करती रही। उन्होंने सुना नहीं क्या मुमताज़ दूल्हा भी आए हैं।

जहाँ आरा — हाँ।

ज़ेब-उन्-निसा — देखो तो सही आज हम कैसा आड़े हाथों लेते हैं। अल्लाह जानता है हमको बड़ा रंज है।

इसके बाद और सवारियाँ आईं और थोड़ी ही देर में ग़ुंचा खिला हुआ नज़र आने लगा।

नवाब साहब ने ख़बर पाई कि नज़ीर बेगम और ज़ेब–उन्–निसा बेगम आई हैं। महल-दार से कहा कि ज़ेब–उन्–निसा बेगम से हमारा सलाम कह दो जाके।

महल-दार — (ज़ेब–उन्–निसा से) नवाब साहब ने कहा हमारा सलाम कह दो।

ज़ेब-उन्-निसा — कहो आप अपना सलाम रहने दें।

महल-दार ने जा कर कहा हुज़ूर वो कहती हैं कि आप अपना सलाम रहने दें। नवाब साहब हँसे। कहा जाकर पूछ आओ कि आप ख़फ़ा क्यों हैं। ये कौनसी इंसानियत है कि हम आदाब अर्ज़ करते हैं और आप कहती हैं कि अपना सलाम रहने दो। महल-दार ने नवाब साहब का पैग़ाम कहा तो नज़ीर बेगम और गेती खिलखिला कर हँस पड़ीं।

ज़ेब-उन्-निसा — कहिए। अच्छा हम इंसान नहीं हैवान ही सही मगर हैवान और इंसान फ़ेलों[4] से पहचाना जाता है। हम आपसे बोलते ही नहीं। आप क्यों हमें छेड़ते हैं।

महल-दार ने कहा मुझे अच्छी सज़ा मिली। इधर आऊँ फिर उधर जाऊँ। जा कर कहा। ख़ुदा-वन्दा वो ख़फ़ा होती हैं। कहती हैं हम आप से नहीं बोलते। आप क्यों बार–बार छेड़ख़ानी करते हैं।

नवाब — (मुस्कुरा कर) नज़ीर बेगम से कहो कि देखिए आपकी बहन सलाम का जवाब तक नहीं देतीं।

महल-दार ने नज़ीर बेगम से कहा।

नज़ीर बेगम — कहो आप जानें वो जानें हम से क्या वास्ता।

महल-दार — हुज़ूर वो कहती वो जानें आप जानें।

अल्लाह–अल्लाह आज तो बड़ी बेगम साहब के यहाँ वाक़ई ग़ुंचा ही खिला है। हमजोलियाँ मिल के ईद की ख़ुशी मनाती हैं। चहल और दिल्लगियाँ होती जाती हैं।

इधर नवाब के दोस्तों ने कमरों को दुल्हन की तरह सजाया था। और कमरे के सामने एक शामियाना नस्ब किया था।

छह बजे डोमनियाँ डोलियों से उतरने लगीं। अन्दर जाकर अदब से आदाब बजा लाईं और क़रीने और तमीज़ के साथ फ़र्श पर बैठ गईं।

सात बजे से डोमनियों ने गाना शुरू किया और वो रंग जमा कि तड़के तक धमाचौकड़ी मची रही।

इधर डोमनियाँ किसी का आँचल पकड़ती हैं, किसी का दुपट्टा नहीं छोड़तीं, रुपया–दो रुपया, अठन्नी–चवन्नी जिस ने दिया ले लिया और फिर सताना शुरू किया। सुब्ह तक यही हाल रहा।

* * *

1. चाँदी या सोने का तार जो रेशम या सूत के डोर पर पिलटे हैं 2. सोने-चाँदी के तारों से बने 3. फल अथवा मेवा 4. काम, कर्म

तुर्की सिपाही

तुर्कों की फ़ौज देखने के क़ाबिल होती है। जो सिपाही है ख़ूब-रूई की जान। जो अफ़सर है बहादुरी की कान। जवान कशीदा क़ामत, ख़ुश-अन्दाज़, ख़ूब-रू, ख़ुश-ख़ू, बड़े कस–बल के लोग हैं और जीवट, जियाले। मैदान में पहुँचे और शेर बन गए और मुल्क के नाम पर जान देते हैं। चाहे दो दिन तक खाना न मिले मगर ग़नीम[1] को पुश्त न दिखाएँगे। क़त्ल करेंगे और मर जाएँगे। लोन की शिद्दत, आफ़ताब की हिद्दत[2], सर्दी की कसरत, एक को न मानें। चाहे बर्फ़ गिरे, चाहे कुहरा पड़े या हवा से जिगर तक ठिठुर जाए मगर तुर्की सिपाही का क़दम पीछे न हटेगा। इसमें जो कुछ हो। और यूँ तो शिकस्त खाने से कोई क़ौम रू–ए–ज़मीन पर नहीं बची है। ये दुनिया के कारख़ाने हैं जिसमें इंसान को दख़्ल नहीं —

शिकस्त–ओ–फ़तह नसीबों से है गमरा–ए–अमीर

मुक़ाबला तो दिल–ए–नातवाँ ने ख़ूब किया

जिस वक़्त फ़ौज शहर से बाहर जाती थी एक मेला सा जमा हुआ था। कोठे पटे पड़े थे, तमाशाई ज़मीन के एक–एक चप्पे के लिए लड़ते थे। एक नौजवान ख़ातून तुर्की लेडी झरोखे से फ़ौज पर नज़र डाल रही थी कि अपने प्यारे और मह–जबीन शौहर को शहर के बाहर जाने से पहले आँख भर कर देख ले और हसरत से दिल में सोचती थी कि ख़ुदा जाने ये आख़िरी दीदार है या फिर भी अपने बहादुर शौहर से मिलूँगी। मगर अफ़सोस कि उसकी आरज़ू पूरी न हुई और उसके शौहर का घोड़ा उसको नज़र ना आया। एक बूढ़ा सवा सौ बरस का आदमी असा[3] के सहारे से खड़ा देखता है कि उसका नूर–ए–बसर, लख़्त–ए–जिगर, पेश–ए–नज़र आए तो उसकी आँख नूर पाए। ये लड़का अपने बाप से लड़ कर गया था। बूढ़े की यही एक औलाद और सारी ख़ुदाई में यही एक अज़ीज़ था। उसने बाप से आन कर जो गुफ़्तगू की थी उससे तुर्की सिपाहियों की जुराअत और जान निसारी साफ़ ज़ाहिर है।

बेटा — अब्बा। अब हमें रुख़्सत करो। हम फ़ौज के साथ ज़रूर जाएँगे।

बूढ़ा — जान बाबा —

इक ज़रा होश सँभालो अभी दुनिया देखो

जुमा–जुमा आठ दिन की पैदाइश। मैदान–ए–जंग में बड़े–बड़े बहादुरों के छक्के छूट जाते हैं।

बेटा — अब्बा जान चाहे इधर की दुनिया उधर हो जाए। मैं न मानूँगा।

बूढ़ा — बेटा तुम ना–तज्रबाकार हो जा के क्या बनाओगे।

बेटा — अब्बा हम ज़ख़्मियों को पानी पिलाएँगे।

बूढ़ा — बेटा इस ख़याल से दर-गुज़रो। यहाँ हम अकेले मर न जाएँगे तुम्हारे बग़ैर।

बेटा — (ज़ार–ज़ार रो कर) अब्बा जान तुम मर जाओ तो ख़ैर। मगर ज़ख़्मियों की ख़बर-गीरी पहले है। मेरा क़ुसूर इस वक़्त माफ़ करना। एक तुम्हारी जान जाने से अगर सौ का भला हो तो अब्बा तुम अपनी जान का ख़याल न करो।

बाप ने बेटे को गले लगाया और रो–रो कर उसका दामन तर कर दिया और कहा जान बाबा तुमको अब हम न रोकेंगे। तुम्हारी बस इतनी ही ज़िन्दगी थी मगर ख़ैर। बेटे ने कहा हमारी जान की कोई बुनियाद नहीं। जो जवान मर्द हमारे मुल्क और हमारे ख़लीफ़ा के लिए जान देने जाएँ उनकी जान हमारी जान से ज्यादा क़ीमती है। ये कह कर लड़का उठ खड़ा हुआ। बूढ़े ने कहा फ़ी–अमानि ल्लाह। आदाब बजा लाया और चला। रिसाला आगे बढ़ा तो एक मुक़ाम पर मकतब के चन्द लड़कों ने नारा मारा और तुर्की ज़बान में दुआ माँगी कि ख़ुदा-वन्दा इन जवानों की आरज़ूएँ पूरी कर।

अल-ग़रज़ तमाम शहर में धूम मची थी और ख़ल्क़–ए–ख़ुदा दुआ माँग रही थी कि ग़नीम एक ही हमले में बोल जाए। छोटे–बड़े, अमीर–फ़क़ीर, आयन्द–ओ–रविन्द[4] सब यही दुआ माँगते थे सच है।

* * *

---

1. लुटेरा 2. गर्मी 3. लाठी 4. आए और गए

एक चोर ने शाह जी से नुस्ख़ा लिया

प्यारे बच्चो! कुछ समझे भी! हरगिज़ नहीं। हम को दावा है कि हज़ार में शायद दो समझे हों। बच्चों के दिल में तरह–तरह के ख़यालात जाते हैं। किसी की राय होगी कि एडिटर साहब भंग की तरंग में थे। कोई कहेगा ख़लल-ए-दिमाग़ हो गया। कोई कहेगा कि लिखते–लिखते अक़्ल ठिकाने नहीं रही। ऊल–जुलूल, वाही–तबाही बकने लगे। अफ़सोस कल तक बेचारे बुलबुल की तरह चहक रहे थे, आज तिनके चुनने लगे। जिस क़दर पढ़ने वाले हैं, सब अपने–अपने ख़यालात के मुताबिक़ राय-ज़नी करेंगे। कोई कहेगा ये आपने क्या बका है ख़ुराफ़ात जो कुछ भी समझ में आता हो! माक़ूल क़िब्ला समझना क्या दिल्लगी है?

और सुनिए। हज़रत कातिब लिखते–लिखते चौंक पड़े। ऐं! ये पण्डित साहब को सूझी क्या है भई। ये मज़मून है या ग़त–ए–रबूद[1] कुछ समझ ही नहीं आता। न रहा गया, छुपके का। रूमाल ओढ़े मिर्ज़ा बने हुए तशरीफ़ लाए। आदाब हज़रत

आज की ज़राफ़त[2] को ज़रा फिर मुलाहिज़ा फ़रमा लीजिए क्यों वज्ह। आज तो कुछ मतलब ही ख़ब्त[3] है गुस्ताख़ी माफ़। और सुनिएगा। हज़रत आप अपना काम कीजिए। इस झंझट में न पड़िए। बहुत ख़ूब। थोड़ी देर में एक मुसह्हिह[4] साहब बरामद हुए। तस्लीम आज की ज़राफ़त ज़रा गौर से मुलाहिज़ा फ़रमाइएगा। अर्ज़ किया कि हज़रत यहाँ वज़ा के पाबन्द हैं। दोबारा देखने की क़सम खाई है। दूसरे दिन हमारे शफ़ीक़ डॉक्टर रजब ख़ान साहब डॉक्टर दर्जा अव्वल पागल-ख़ाना अवध का पर्चा आया। अजी साहब आप तो हमको पागल बनाते थे मगर अब फ़रमाइए कौन पागल है। हम या हुज़ूर। क्यों ये कल मियाँ आज़ाद की दास्तान में क्या बे-पर की उड़ाई है ख़ुदा ही ख़ैर करे। अगर यही हाल है तो हज़रत आप भी हमारी ही जान खाएँगे। हम तो ख़ैर भला पागलों में रहते हैं। आप तो एक मख़्ज़न–ए–इल्म[5] और मादन–ए–इल्म मत्बा[6] में रहते हैं। ये आपको नसीब आदा[7] क्या हवा लगी। इसी तरह और दो–चार आदमियों ने भी फ़रमाया कि हज़रत हमको गुंजाइश शिकवा संजी[8] है। ख़ैर अब हम किस से कहें कि यारो हम नेचर के मुसव्विर हैं। हाय अगर नॉवेल में नेचर नहीं तो कुछ भी नहीं। ख़ाक लुत्फ़ ही नहीं। मज़ा ही किरकिरा हो जाए। सुनिए और दिल के कानों से सुनिए कि ये हुस्न आरा बेगम ने ख़्वाब देखा था। हाथ लाइए ज़रा क्यों न कहिएगा। वास्ते ख़ुदा के ज़रा तो इस सूझ–बूझ की दाद दीजिए कहीं। दाद तो दरकिनार मियाँ मिट्ठू न बनाइएगा। हज़रत ये ख़्वाब था भला पूछिए तो ये ख़्वाब कौन देख रहा था। हुस्न आरा बेगम। फिर आप जानिए ख़्वाब तो था ही कभी लन्दन में

बैठे दनदनाते हैं। कभी देस के होटल के मटन चाप उड़ाते हैं। कभी पहाड़ की चोटी पर हो रहे, कभी दरख़्त की फुनगी पर और एक बन्दर ने जो गीदड़ भबकी बताई तो लटक गए और गिरे। गिरते ही आँख खुल गई तो ख़्वाब बन्दर की तरह उचक कर खजूर के पेड़ पर था। यही ख़्वाब में होता है या कुछ और। मुसलसल ख़्वाब तो शाज़–ओ–नादिर ही कोई देखता होगा। वर्ना अमूमन यही बातें देखने में आती हैं कि मर्दों से बातें हो रही हैं और वो कह रहे हैं कि क्यों भई अगर हम ज़िन्दा होते तो कैसी ठहरी या किसी ऐसे दोस्त से मुलाक़ात हुई जो मंज़िलों की राह पर है और वो कह रहा है कि ख़ुदा करे हम से तुम से किसी दिन मुलाक़ात हो। माक़ूल सामने तो बैठे हैं मगर अभी तक मुलाक़ात नहीं हुई गोया। इस ख़्वाब-ए-परेशान में हुस्न आरा ने ख़ुदा जाने क्या–क्या देखा मगर सिलसिला दुरुस्त नहीं। ख़याल तो कीजिए कि कितने मुक़ामात पर बेजोड़ है। अव्वल तो मियाँ आज़ाद अपनी प्यारी हुस्न आरा के पास पहुँचे कहाँ से वो जहाज़ पर सवार होकर (रवाना बाशिद) हुए।

ग़रज़ कि ये मज़मून भी सारी ख़ुदाई के मज़मून से निराला था। इब्तिदा ही से इन्तेहा का बेतुकापन। ख़ातूँ मह-लक़ा[9] हुस्न आरा और मियाँ आज़ाद फ़र्रुख़-निहाद[10] एक ही कमरे में मुतमक्किन[11] हैं। ऐन या वहशत!!! हुस्न आरा बेगम कहाँ आज़ाद बेचारे कहाँ वो जहाज़ पर। ये वहाँ से मंज़िलों दूर और हज़रत फ़रमाते हैं कि एक ही फ़रह-बख़्श[12] कोठी में दोनों बैठे हैं। छत गीरी गुलाबी झालर आबी।

अल-ग़रज़ महताबी पर से हुस्न आरा बेचारी नसीब–ए–

आदा गिरी और गिरने का धचका उठाकर फ़ौरन आँख खुल गई। ख़्वाब का क़ायदा है कि इधर सदमा पहुँचने का हाल देखा उधर मअन[13] आँख खुल गई। जब ही तो हमने कहा है कि (लेकिन अभी तक ज़मीन पर नहीं)।

* * *

---

1. अस्पष्ट लेखी 2. हँसी मज़ाक़ 3. सनक 4. जाँच कर्ता 5. विद्या का भण्डार 6. वह छापाख़ाना जो विद्या की कान हो 7. दुश्मन 8. उलाहना देना 9. चाँद सी सूरत वाली 10. अच्छे आचरण वाला 11. ठहरा हुआ 12. आनन्दप्रद

नक छिकनी ने नाक में दम कर दिया

एक ज़ात–ए–शरीफ़[1] एक शाह जी के पास गए जिन्होंने शाह जी का नाक में दम कर दिया। ये हज़रत बड़े नामी–गिरामी चोर थे। शाह जी से कोई पचास बार दरख़्वास्त की कि हुज़ूर वास्ते ख़ुदा के कोई ऐसी तरकीब बताइए कि जिस किसी के हाँ चोरी करने जाऊँ उसको नज़र ना आऊँ। शाह जी ने समझाया कि मियाँ हमारे पास ऐसा नुस्ख़ा ही नहीं। हम तुमको क्या दें। उसने एक न मानी। ख़ैर। शाह साहब ने जब देखा कि हारी मानता है न जीती तो कहा अच्छा, जिस रोज़ किसी के घर फाँदो हम से शाम को मिल लेना हम एक बूटी देंगे। चोर इन्तेहा का ख़ुश कि मार लिया बस अब क्या पूछना है। एक बेगम का मकान ताका और मालदार समझ कर दिल में ठान ली कि आज शब को उन्हीं के हाँ चलना चाहिए बहुत रक़्म मिलेगी। पौ बारह हैं। शाम को शाह जी के पास गए और कहा कि हज़रत आज एक घर फाँदने की नीयत है लाइए फिर कुछ बूटी–वूटी दिलवाइए। शाह जी ने एक डिबिया दी और कहा कि इस में एक बूटी है मगर ख़बरदार जब तक माल

के कोठे में न पहुँच लो हरगिज़ क़स्द न करना कि इस को खोलो। जिस वक़्त वहाँ दाख़िल हो जाओ, डिबिया को खोल कर बूटी को निकालो और ख़ूब ज़ोर से सूँघ लो मगर चाहे तकलीफ़ ही क्यों न हो। चार–पाँच मर्तबा ख़ूब ज़ोर से सूँघना समझे? हाँ इस के ख़िलाफ़ न करना। चोर ने डिबिया जेब में रखी और कोई ग्यारह बजे के वक़्त कमन्द डालकर खट से कोठे पर हो रहा। ख़ैर एक घण्टे तक तो कोठे पर जाकर दुबका बैठा रहा। उसके बाद जब सब सो गए तो हज़रत दबे पाँव उतरे। चुपचाप। और इत्तेफ़ाक़ से इसी कमरे में गए जहाँ बेगम सो रही थीं। जा कर सब के पहले तो लैंप को गुल कर दिया उसके बाद कोठरी का क़ुफ़्ल[2] तोड़ा। औरतें ग़ाफ़िल सोती थीं। फिर आप जानिए उठती जवानी की नींद। क़ुफ़्ल तोड़कर हज़रत दन से कोठरी में दाख़िल हो गए। बिस्मिल्लाह वहाँ डिबिया निकाली और उसमें से बूटी ली और लेकर ख़ूब ज़ोर से सूँघी। नाज़रीन ज़रा हँसी को ज़ब्त कीजिएगा कुछ समझे भी वो बूटी क्या थी। नक-छिकनी। अरे! उफ़। ग़ज़ब किया वल्लाह। हाछीं–आछीं–छीं–छीं। उधर बेगम ख़्वाब से बेदार हुईं इधर लैंप गुल और कोठरी से छींक की आवाज़ें आ रही हैं। हैरान कि या इलाही ये माजरा क्या है। चोर घबरा कर कोठरी से निकला तब तो बेगम बेचारी काँपने लगीं कि ख़ुदा ही बचाए। चोर को उस वक़्त अपनी ही नाक की पड़ी थी। अगर मुम्किन होता तो नाक काटकर फेंक देता। इतने में पलंग पर से उठ खड़ी हुईं और ग़ुल मचाने लगीं कि चोर चोर चोर। काँपती जाती थीं और ग़ुल मचाती थीं। इनकी बहन भी हाएँ–हाएँ ख़ैर तो है कहती हुई उठ बैठीं और घर भर में जाग हुई। लेना–लेना। चोर! चोर! चोर! आप जानिए एक ही

उस्ताद लपक कर वो हो रहा। दरवाज़ा खोला और तड़क कर फाटक के बाहर। चौकीदार और ख़ान साहब और दरबान सब पीछे–पीछे जाते हैं मगर इस के साए को भी नहीं पाते लेकिन दस क़दम बढ़ा और आछीं। वो जाता है, वो जाता है। चोर बेतहाशा बकटट भागा जाता था। मगर छींक आई और लोगों ने ग़ुल मचाया कि वो है, वो है। फिर नज़र से ग़ायब। थोड़ी दूर तक झपट के निकल गया और फिर छींका। वो गया, वो गया। लेना, लेना। आख़िर एक मक़ाम पर इस छींक ने धरवा ही दिया। पकड़े गए हज़रत। लोग गिरफ़्तार कर के थाने पर लिए जाते थे कि इतने में कॉन्स्टेबल मिला और चौकी पर ले चला।

चोर अपने दिल में सोचता जाता था कि भई वाह अच्छे शाह साहब हैं। माशाअल्लाह क्या बूटी दी है। नाक ने इस वक़्त नाक में दम कर दिया।

* * *

---

1. भद्र व्यक्ति 2. ताला

कहानी, बा-ज़बानी बी मुग़लानी

शाम से बावर्चियों ने बड़े एहतिमाम से लज़ीज़ खाना पकाया और नौ बजे के वक़्त हुस्न आरा और सिपहर आरा और बड़ी बेगम साहब ने बड़े शौक़ से नोश फ़रमाया। जब खाने से फ़राग़त पाई तो हुस्न आरा अपने कमरे में आई और सिपहर आरा ने मुग़लानी को बुलाया।

सिपहर आरा — अच्छी दिल बहार, एक कहानी नहीं कहतीं इस वक़्त।

मुग़लानी — मैं सदक़े एक नहीं दस।

हुस्न आरा — मगर शैतान की आँत न हो कि सवेरे तक तमाम ही न हो पाए।

मुग़लानी — ऐ नहीं ये क्या बात। यूँ तमाम हो यूँ (चुटकी बजा कर)

प्यारी — (छोकरी) भूत औल (और) देव न कहना कि मैं काँप जाऊँ अच्छा।

सिपहर आरा — तुम ऐसी कहो जिसमें भूत ही भूत हों।

प्यारी — न बीवी कहने दीजिए जिसे देखो हमाला (हमारा) ही दुश्मन है।

सिपहर आरा — (हँस कर) तेरा दुश्मन तेरा पेट है।

सोता संसार, जागता पाक-परवरदिगार।

मामा — वाह सोता संसार। अभी बजे कै हैं जो सबको सुलाए देती हो। ऐ बहुत बजे हों दस बजे हों। और।

मुग़लानी — तुम कहानी को काट न दिया करो। ये ऐब है। बूढ़ी होने को आईं और उम्र भर अमीरों–रईसों ही के हियाँ नौकरी की मगर मिजाज़ (मिज़ाज) ठिकाने नहीं। ले के बात काट दी।

सिपहर आरा — बूढ़ी होने आईं क्या माने। क्या बूढ़ी होने में कुछ शक भी है।

मुग़लानी — जी ये अभी तक अपने तईं दस ही बरस की समझती हैं।

मामा — ऐ हाँ सोता संसार। कौन सोता कौन है यहाँ अभी सारा धन्दा पड़ा है। इनके हिसाब सब सो गए।

सोता संसार, जागता पाक-परवरदिगार। हमारा भी ख़ुदा तुम्हारा भी ख़ुदा। कानों की देखी।

प्यारी — (हँस कर) कानों की देखी। कानों से देखता है कोई।

मुग़लानी — ऊँह अब हम न कहेंगे।

हुस्न आरा — नहीं नहीं। कहो–कहो। बच्चे के टोकने का कोई बुरा मानता है।

सोता संसार, जागता पाक-परवरदिगार। हमारा भी ख़ुदा तुम्हारा भी ख़ुदा। कानों की सुनी कहते हैं, आँखों की देखी कहते हैं।

एक जंगल मैदान में बहुत से जानवर पाढ़े और साहब तुम्हारा भला करे, हाथी और चीते और शेर और बन्दर और साहब तुम्हारा भला करे, लंगूर और बारहसिंघे और ऊँट और लोखरी और जाने कौन–कौन रहते थे। ग़रज़ कि साहब तुम्हारा भला करे, बहुत से रहते थे। उनमें एक ऊँट भी था और एक लोखरी भी थी। तो उस जंगल में एक नदी थी। दो हाथी डुबाव पानी और नदी के उस तरफ़ को किसी का बाग़ था। बड़ा सा बाग़ जैसा मिर्ज़ा हुमायूँ फ़र का है बल्किन इससे भी बड़ा। तो ऊँट रोज़–रोज़ उस बाग़ में नदी तैर करके जाता था और पेट भर के मेवे खा–खा करके वापस आता था। लोखरी ने जो देखा कि साहब तुम्हारा ऊँट मोटा हुआ जाता है तो टोह लगाई कि देखूँ क्या खाता है। एक दिन आड़ में बैठी रही। ऊँट नदी में बैठा और बाग़ में जाकर उसने ख़ूब फल–फलेरी खाए। लोखरी बड़ी चालाक और दग़ाबाज़ होती है जैसे प्यारी (प्यारी के सर पर धप लगाकर) जैसे ये मूई लौण्डिया दग़ाबाज़ है। उसने ऊँट से दोस्ती पैदा कर ली। एक रोज़ ऊँट से कहा कि भाई ऊँटौना हम से दोस्ती नहीं करते। ऊँट लम्बा बेवक़ूफ़ होता ही है। दम में, साहब तुम्हारा भला करे, आ गया। और दूसरे दिन सवेरे मुँह–अँधेरे लोखरी के साथ घूमने लगा। लोखरी अपने मतलब की यार, उसने पूछा कि तुम किस

बाग़ में जाते हो वहाँ हमको भी ले चलो जो जी चाहे तो फिर दोस्ती किस काम आएगी। क्या आक़िबत[1] है बख़्शाओगे हम को भी दिखा लाओ। ऊँट राज़ी हो गया बोला अच्छा जो हुक्म हो। चलते–चलते, चलते–चलते जब, साहब तुम्हारा भला करे, नदी पास पहुँचे तो ऊँट की चुढ़ी पर लोखरी चढ़ गई और ऊँट तैर करके उस पार निकल गया। लोखरी बड़ी ख़ुश हुई और उसने, साहब तुम्हारा भला करे, ख़ूब फल–वल खाए। जब खा चुकी ख़ूब पेट भरके तो उसने नदी पर आके पानी पिया ख़ूब सा और ऊँट से कहा कि मेरे गले में चुल हुई है कि इस वक़्त आवाज़ लगाऊँ। ऊँट के होश उड़ गए कि ख़ुदा ही ख़ैर करे। कहा कि मैं इतना बड़ा जानवर। जितनी देर में तेरे से दो जानवर खाएँ, इतनी देर में हमारा एक कोना पेट का भी न भरे। मैं तो अभी भूका ही हूँ। ख़बरदार! ख़बरदार! बोलियो–वोलियो नहीं। सुना कि नहीं। बोली और मैं, साहब तुम्हारा भला करे, पिटा। लोखरी ने कहा अब फिर चाहे जो कुछ हो मैं बोलती हूँ। ऊँट ने फिर हाथ जोड़े कि ऐसा ग़ज़ब न कीजियो। देखो ऊँच–नीच देख कर काम करना, नहीं मैं पिटूँगा ख़ूब सा। लोखरी ने एक न मानी और ऊँट से थोड़े फ़ासले पर जा कर आवाज़ लगाई। कियूँ–कियूँ! कियूँ–कियूँ! आवाज़ के साथ सुनते ही बाग़बान दौड़ पड़े। लीहो–लीहो। जाने न पाए। जाने न पाए। लोखरी तो ज़रा सी इधर–उधर झाड़ी में छुप रही मगर ऊँट इतना बड़ा जानवर। जाए तो कहाँ जाए। धर लिए गए। अब वो लाख छुपता है मगर ऊँटौना की चोरी निहोड़े–निहोड़े। कहाँ तक क़द को छोटा करे। झाड़ी की आड़ में ज़रा छुप के भागा और फिर सीधा हुआ तो बाग़बानों ने ग़ुल मचाया कि वो

निकला, वो निकला। दौड़ पड़े। वो फिर छुपे। मगर उन्होंने गर्दन देख पाई, वो जात है। वो भागा जात है, नाक में दम आ गया। अब भाग के जाए तो कहाँ जाए और लोखरी मज़े से झाड़ी में दुबकी–दुबकाई बैठी रही। इसको कोई पूछता भी नहीं कि कहाँ है कहाँ नहीं है। आख़िर दस–पाँच आदमियों ने ऊँट को घेर लिया। उन्होंने लाख शुतुरग़मज़े किए मगर डण्डे पड़ने लगे तब तो ये ख़ूब सा बिलबिलाए मगर उन लोगों ने मारते–मारते बौला दिया। जब ख़ूब भरकस निकल गया तो ये भागे। लोगों ने फिर घेरा और फिर लठ पड़ने शुरू हुए। बस साहब तुम्हारा भला करे, ये ख़ूब सा पिटा और पिट–पिटाए के मार खाए के रस्सियाँ तोड़ा कर भागा। थोड़ी देर में चाहा कि नदी पार करके जंगल में जाए। इतने में प्यारी बोल उठी देव की बात न हो।

सिपहर आरा — अब आगे देव का ज़िक्र तो है ही।

प्यारी — हूँ नहीं मानतीं।

मुग़लानी — नहीं–नहीं बेटा देव का ज़िक्र है न भूत का। सुनती जाओ चुपचाप बस ऊँट जो नदी में जाने लगा तो लोखरी भी फुदक के मौजूद।

लोखरी — क्या हमें यहीं पर छोड़ के चल दोगे।

ऊँट — नहीं छोड़ेंगे क्या आओ।

ऊँट बैठ गया और लोखरी उसकी पीठ पर चढ़ गई और ऊँट नदी में चला।

सिपहर आरा — अरे सच कहते हैं लम्बा आदमी बेवक़ूफ़

होता है।

हुस्न आरा — क्या ऊँट भी आदमी है।

मुग़लानी — बस बीवी जैसे ही बीच धारा में पहुँचा वैसे ही साहब तुम्हारे ऊँट ने कहा कि दोस्त अब तो हमारे बदन में चुल हुई ज़रा हिलने को जी चाहता है। लोखरी बोली। हाएँ–हाएँ! ऐसा ग़ज़ब भी न कर बैठना कहीं मैं गिर पड़ूँगी।

ऊँट — अब तो बे हिले रहा ही नहीं जाता।

लोखरी — और मैं।

ऊँट — उस वक़्त तुम्हारे मुँह में चुल हुई थी अब इस वक़्त मुझे हिलने की चुल हुई।

सिपहर आरा — (हँस कर) हाँ देखा बात निकली न एक। हम समझे ही थे।

मुग़लानी — लोखरी बहुत रोई, पीटी, चिल्लाई। बहुत ग़ुल–ग़पाड़ा मचाया। बहुत उचकी, कूदी–फाँदी। मगर ऊँट ने एक न मानी। जला हुआ तो था ही, इस ज़ोर से बदन को हिलाया कि लोखरी तड़ से पानी में आ रही। बहुत सँभली मगर कुछ कारगर न हुई। बात जैसा किया वैसा पाया। जो जैसा करेगा वो वैसा पाएगा। नेकी का समरा[2] नेक है, जो बदी देगा वो बदी पावेगा भई है कि नहीं। बस साहब तुम्हारा भला करे, ऊँट ने पीछे फिर के भी नहीं देखा और लोखरी बहने जो लगी तो बहते–बहते, बहते–बहते जाकर कहीं पहुँची जहाँ धोबी कपड़े धो रहे थे। उन्होंने जो देखा कि लोखरी बही चली आती है तो पूछा कि लोखरी–लोखरी क्या हुआ। लोखरी ने कहा क्या

बताऊँ कुछ कहा नहीं जाता। फिर धोबियों ने पूछा लोखरी–लोखरी क्यों डूबी। लोखरी ने कहा कि एक मैं ही नहीं डूबी, सारी दुनिया सारा ज़माना डूबा हुआ आता है। मुझे निकालो तो बताऊँ नहीं तो तुम लोग भी डूब जाओगे। धोबियों ने मारे डर के एक–दूसरे की तरफ़ देखा कि आओ पंचायत करो कि इसको निकालें या न निकालें। लोखरी ने कहा कि अरे तुम्हारा नास हो जाए। जब तक पंचायत करोगे तब तक तो मैं कोस भर पर हूँगी। इस पर दो धोबी कपड़े–वपड़े उतार कर के, साहब तुम्हारा भला करे, चले और लोखरी को ले आए। पूछा अब बताओ। वो बोली कि अब ज़रा सुस्ता तो लूँ भीग गई थी बहुत। कुछ देर तक धूप में खड़ी रही। जब गरमाई और ज़रा थकावट मिटी तो चौकड़ी भर के पाव कोस पर हो रही और बोली कि मैं डूबी थी तो मेरे हिसाब जग डूबा था। जिस तरह उसका भला किया ख़ुदा सबका भला करे।

(कहानी ख़त्म हुई) इतने क़हक़हे पड़े कि मुहल्ले भर में आवाज़ पहुँची। सोतों को जगाया। इतने में घड़ियाली ने मुँगरी उठाई और ठाएँ–ठाएँ बारह का गजर बजाया।

* * *

1. मरणोत्तर जीवन 2. नतीजा